나 는 **시 장 문 화** 를 판 다

시장문화기획자 **김승일**의 전통시장 **개조 분투기**
나는 **시장문화**를 판다

펴낸날 2014년 3월 20일 초판 1쇄 펴냄
찍은날 2014년 3월 20일 초판 1쇄 찍음
지은이 김승일
펴낸이 이향원
기 획 조성일
표 지 김동연
편 집 차동환
펴낸곳 소이연

등 록 제311-2008-000019호

전국총판 시간여행 070-4032-3665 팩스 02)332-4111

ISBN 978-89-98913-04-5   13320

ⓒ 소이연 2014, Printed in Seoul Korea

값 13,800원

이 도서의 국립중앙도서관 출판시도서목록(CIP)은 서지정보유통지원시스템 홈페이지
(http://seoji.nl.go.kr)와 국가자료공동목록시스템(http://www.nl.go.kr/kolisnet)에서 이용
하실 수 있습니다.(CIP제어번호: CIP2014008152)

* 잘못된 책은 바꿔드립니다.

시장문화기획자 김승일의
전통시장 개조 분투기

나는 시장문화를 판다

김승일 지음

소이연

애초 책으로까지 엮을 생각은 없었다. 경험이 짧은 것도 짧은 것이거니와 지식의 깊이 또한 얕은 터여서 '책'을 쓸 거라고는 언감생심이었다. 더욱이 내가 그다지 책과 친한 사이가 아니어서 책을 쓴다는 것은 남의 얘기일 뿐이었다.

그러나 지금 우리의 전통시장 상황이 나의 글 재주 따위를 따질 만큼 여유롭지 못하다. 절박함이 먼저 가슴에 와 닿았다. 그래서 나는 감히 용기를 냈다. 내 경험이 정면교사든 반면교사든 타산지석으로 삼을 만한 것이 있다면 그것으로 만족하겠다는 심산이 앞섰다.

하지만 그게 만용이었음을 알기까지는 많은 시간이 필요하지 않았다. 구상하는 단계에서부터 벽에 부딪쳤다. 처음에는 쓸 게 너무 많아 고민이었는데, 막상 멍석을 깔고 보니 쓸 게 없었다. 도대체 책을 쓰는 사람들은 어떻게 수백 쪽을 빼곡히 활자들로 채운단 말인가. 기획안을 만든답시고 애꿎은 복사지만 수도 없이 파지를 냈다. 그러면서 쓰겠노라와 그만두겠노라 사이를 수없이 줄타기를 했다.

여러 가지로 함량미달이란 생각이 들어서 세상에 내놓는 게 탐탁지 않다. 어릴 적 시장 좌판에서 사먹던 불량식품 같았다. 그래서 어럽게 끝낸 초고를 붙들고 다시금 고민했다. 그러나 결론은 같았다. 시장은 놀이터였고, 생계현장이었고, '(주)시장과사람들'의 활동무대가 아닌가. 전통시장을 위하는 길이라면 함량미달이면 어떻고, 두서없으면 또 어떤가.

책이 나오기까지 많은 사람들에게 신세를 졌다. 나를 키워준 수원 못골시장 상인들을 비롯하여 못골시장 문전성시 PM이었던 오형은 대표, 김종대 선생님, 못골시장 상인회 김상욱, 이충환 전 현직 회장, 공주산성시장 홍진수 PM께 특별히 감사드린다. 또 거친 글을 매끄럽게 다듬어 책으로 엮어준 출판사 소이연의 노고도 고맙다.

　상인회 일로 장사를 팽개쳐도 그 빈자리를 묵묵히 채워주신 아버님, 평생 오시오식당을 운영하며 가족들 뒷바라지 하신 어머님, 또 집보다 시장을 더 좋아하는 남편을 사랑해주는 아내, 티없이 잘 자라고 있는 아들과 딸에게도 고마움을 전한다. 그리고 마지막으로 전통시장에서 고생하는 모든 상인들에게 이 책을 바치고 싶다.

2014년 3월
김승일

●●●차 례●●●

머리글   4

프롤로그   8

제1부 **못골시장 청년장사꾼**

- 전통시장이란 어떤 곳인가   20

- 못골시장과 남문시장들   32

- 나의 시장 입성기   40

- 나는 못골시장 총무랍니다   54

- 오뚝이처럼 다시 일어서다   64

제2부 **문전성시**

- 문전성시와 운명적 만남   72

- 문전성시, 변화를 위한 첫발을 내딛다   80

- 이야기를 파는 전통시장 못골시장   90

- 못골시장을 바꾼 기획들   98

- 못골지기, 인사드립니다   110

- 문전성시의 4가지 성공 포인트　120

- 지속가능한 시장문화 가꾸기　128

제3부 **시장문화기획자**

- 시장문화기획자는 누구인가　138

- 시장문화기획자에게 필요한 자질　146

- 시장문화기획자의 역할　158

- 전통시장 활성화를 위한 4C　166

- 전통시장 탈바꿈을 위한 3단계 전략　174

- 시장문화기획의 5가지 포인트　184

- 시장문화기획자의 7가지 행동지침　196

- 시장문화기획자 활동의 6가지 걸림돌　206

- 내가 작업한 시장, 작업하고 있는 시장　214

- 시장활성화의 지속가능성을 위한 4가지 제언　230

에필로그

보다 스미다 즐기다　240

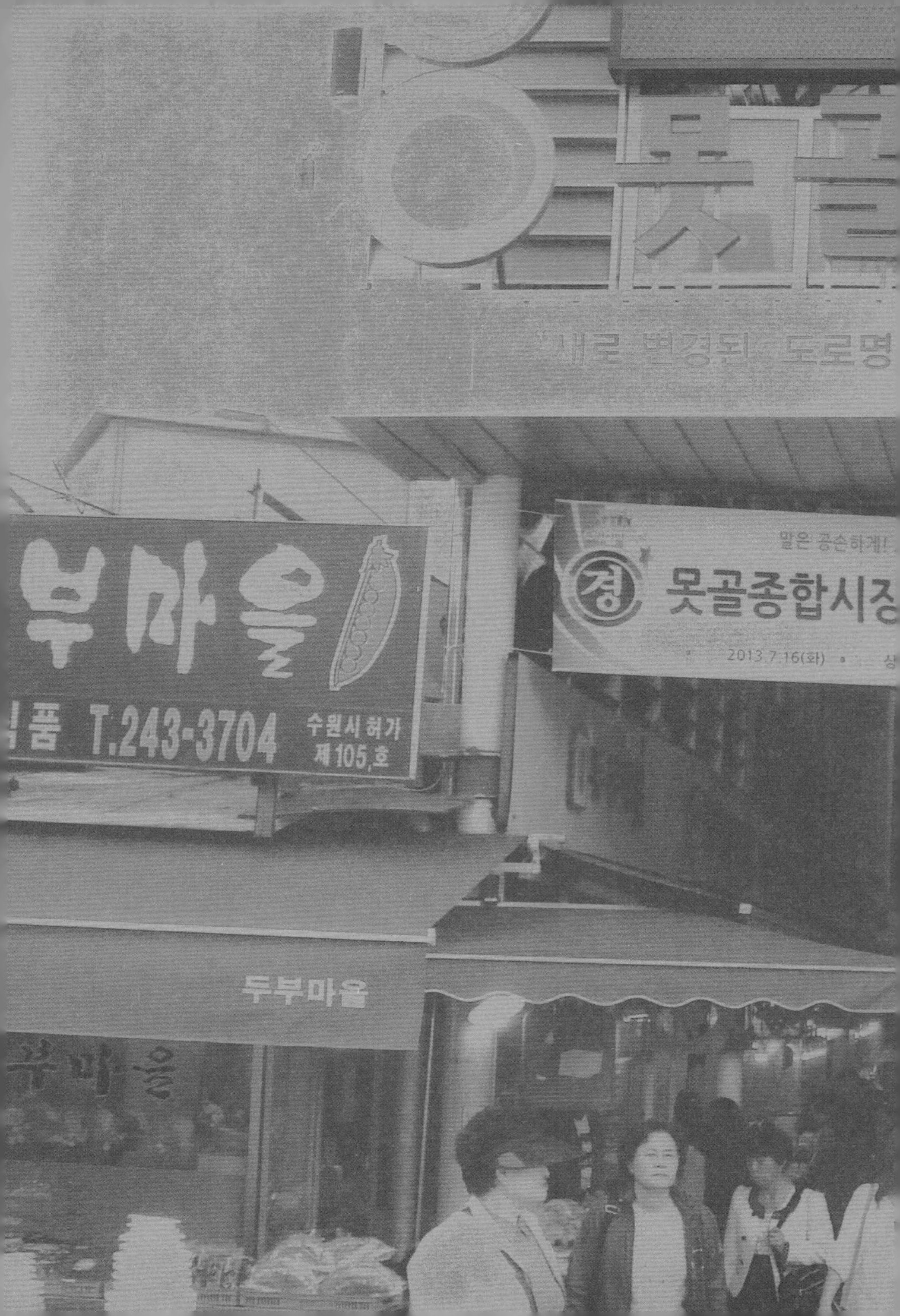

새로 변경된 도로명
부마을
식품 T.243-3704
수원시 허가 제105호
맑은 공손하게!
경 못골종합시장
2013. 7. 16(화)
두부마을

종합시장
사용을 생활화 합니다."
상인대학 개강
행동은 친절하게!
프 롤 로 그

시 · 장 · 문 · 화 · 기 · 획 · 자 –.

이 일곱 글자가 지금의 내 정체성을 고스란히 드러내준다. 그렇다. 나는 시장문화기획자다. 정확하게 말하면 내 직업이 '시장문화기획자'다.

사람들은 '시장문화기획자'라는 직업을 낯설어하지는 않을 것 같다. '시장'도 그렇고, '문화'도 그렇고, 더욱이 '기획자'라는 말이 우리와 너무도 친숙한 단어들이기 때문이다. 단어 하나하나를 떼어놓고 보면 오히려 진부한 느낌마저 드는 이런 단어들의 조합이니 왜 친숙하지 않겠는가.

세상에는 수만 가지의 직업이 있다. 이들 직업들은 시대의 변화에 따라 어떤 직업은 사라지고, 또 어떤 직업은 새로 생겨나기도 한다. '시장문화기획자'는 이름의 진부함과는 달리 생겨나는 직업이다. 그래서 '시장문화기획자'가 하는 일이 뭐냐고 묻는다면 대부분의 사람들이 이거다 하고 분명하게 대답하기가 쉽지 않다. 더욱이 '시장문화기획자'를 만나본 적이 있느냐고 하면 고개를 가로저을 게 분명하다.

나는 이런 신생직업의 자칭 타칭 상인 출신으로 대한민국 제1호이다. 독자들은 '1호'라는 말에 너무 의미를 두지 않았으면 한다. 1호라는 게 어떤 공인기관에서 인증하는 그런 것이 아니라 시장사람들이 내가 처음이라고들 부르기에 그렇게 말한 것뿐이다. 다만 시장문화기획자라는 직업이 이제 막 생겨나는 직업이라는 의미를 강조하기 위해 쓴 것이다. 지금 나 말고 상인 출신의 다른 시장문화기획자를 꼽아 보라고 하면 아마 열 손가락으로 가능할 것 같은데, 이것도 시장문화기획자가 신생직업임을 말해주는 증거라 할 수 있다.

그런 점에서 나는 분명 '시장문화기획자'라는 직업의 개척자라고 감히 말할 수 있다. 개척자의 길은 가시밭길이고 그 길을 헤쳐 나가는 과정은 고독하고 힘든 여정이라는 것쯤은 누구나 짐작하는 바이다. 그렇다. 힘들다. 정말 어려운 여정이다. 그럼에도 나는 오늘도 '시장문화기획자'로 살아가는 것이 즐겁기만 하다.

'장 보러 간다'는 말이 있다.

여기서 '보다'는 의미가 그냥 '구경한다'를 넘어 물건을 '산다'는 의미까지 중첩돼 있음은 굳이 설명하지 않아도 알 것이다. 그런데 이 말이 요즘은 '마트 간다'로 바뀌었다. 시대적 변화의 결과이다.

하지만 우리가 요즘 그토록 즐겨 가는 마트보다 더 가까운 곳에 '시장'이 있다. 그럼에도 우리가 시장 대신 마트를 가는 이유는 무엇일까. 먹거리 등 생활에 필요한 것들을 사기 위해서다. 마트가 생기기 전에는 이런 생활필수품들을 어디에서 샀을까. 시장이다. 그런데 지금은 시장은 없고 마트만 보인다. 그 많던 시장은 다 어디로 갔을까?

시장은 어디로 가지 않았다. 그 자리에 그대로 있다. 다만 고객들의 눈(마음)에 보이지 않을 뿐이다. 고등학교 때 배웠던 영어 한 구절 인용하여 이 현상을 설명하면 "Out of Sight, Out of Mind", 즉 보이지 않으면 마음도 멀어지는 법, 시장이 사람들의 시야에서 벗어났고 그리고 잊힌 존재가 된 것이다.

그렇다면 시장은 고객들의 시야에서 사라진 채 그대로 방치해야 할 존재일까. 이 물음에 대한 답이 "아니오"라는 것에는 대부분의 사람들이 동의할 것이다. 시장이 사람들의 시야 속으로 들어가도록 해야 한다. 이건 지금 시대적 사명이기도 하다. 바로 이 사명을 수행하는 데에 내 직업인 '시장문화기획자'가 자리 잡고 있다. 그래서 시장문화기획자의 활동무대는 당연히 '시장'이다. 시장하면 으레 연상되는 '재래시장', 요즘은 어감이 좋지 않다며 '전통시장'으로 고쳐 부르는 그곳이 바로 시장문화기획자의 일터이다.

시장문화기획자란 누구인가?

이 물음에 명확한 답을 주기는 어렵다. 또 학문적으로 정립된 것도 아니어서 내가 이렇다고 정의를 내려도 명확한 답인지는 좀더 검증

봐야 할 것 같다. 다만 이 직업이 현장에서 자연스럽게 만들어졌다는 점을 감안하여 이렇게 설명할 수는 있다.

"전통시장의 역사와 전통을 바탕으로 새로운 시장문화를 만들고, 그 시장문화를 바탕으로 시장의 활성화를 도모하는 사람."

어색하다. 하지만 의미는 와 닿을 것이다. 지리적으로 마트보다 가까운-혹시 의심이 가면 한번 집 주변에서 찾아보길-시장이 지금 매우 어려운 처지에 놓여있는데, 이를 되살리는 일을 하는 사람이라고들 알아들었을 것이다.

시장문화기획자로서 나는 행운아였다. 대학을 졸업하고 아주 자연스럽게(?) 시장에서 장사를 시작한 청년장사꾼이었던 나는 문화관광부에서 야심차게 추진했던 '문전성시' 프로젝트를 만나게 됐고, 그 프로젝트를 통해 '청년장사꾼'이 '시장문화기획자'로 거듭났으니 말이다.

나중에 자세히 말하겠지만 나는 경기도 수원의 못골시장에서 야채가게를 운영하면서 시장에 입문했다. 아, 못골시장부터 간략하게 설명하는 것이 순서겠다.

경기도 수원의 팔달문에 가면 팔달문시장을 비롯해 9개 시장을 만날 수 있는데, 그 중의 하나인 못골시장은 그렇고 그런 시장이라고 했다간 큰코다칠 만큼 유명세가 전국적인 시장이다. 주말이나 공휴일에 못골시장에 가보면 서로 어깨를 부딪치면서 지나다녀야 할 만큼 사람들로 북적거리는 시장이다. 서울의 명동이나 강남역, 홍대에서나 경험할 수 있는 북새통의 현장이다.

나는 여기서 장사를 했고, 시장문화기획자가 되었다. 그러니 나와 못골시장은 떼려야 뗄 수 없는 바늘과 실과 같은 존재다.

그런데 못골시장이 옛날부터 이런 유명시장이었느냐 하면 그렇지는 않다. 못골시장은 조선시대 정조 임금의 어명으로 문을 연 팔달문시장에 기대 생겨난 아홉 개의 시장 중 막내로, 이 시장의 맨 끝에 간신히 연줄을 대고 있는 골목시장이었다. 이곳 층층시야의 형님시장들 앞에서 감히 명함을 내밀기조차 어려운 시장이었다.

그런 못골시장이 '문전성시'라는 프로젝트와 결합되면서 이제는 팔달문 일대 아홉 형제 시장을 선도하는 시장으로 탈바꿈했다. 자수성가한 막내가 기울어지던 집안을 일으켜 세우듯 못골시장은 팔달문 전통시장 활성화의 첨병 역할을 톡톡히 해내고 있다.

나는 그 변화의 과정을 온몸으로 체험했다. 그래서 나의 시장문화기획자로의 거듭나기는 이론보다는 현장에서 먼저 배웠고, 그리고 그 현장 경험을 바탕으로 이 일을 하는 회사 '(주)시장과사람들'을 설립하면서 보다 구체적으로 시장문화 기획을 구현하고 있다.

이 땅에서 '시장문화기획자'로 산다는 것은?

사람들에게는 각자의 삶의 의미가 있듯 내게도 내 삶의 의미가 있다. 지금 내 삶의 거의 모든 부분을 차지하는 시장문화기획자는 무엇일까?

이 질문에 선뜻 뭐라고 답하기가 매우 어렵다. 사실 나는 시장문화기획자로 산 지 얼마 안됐다. 초보자다. 아직 장사꾼 티를 벗고 있는 중이라고 해야 할 것 같다. 그럼에도 시장문화기획자라는 삶에 더 방점을 찍는 것은 내 미래를 책임질 삶이기 때문이다.

시장문화기획자는 우선 사람을 좋아해야 한다. 시장이 어떤 곳인가. 꼭 물건을 사고파는 현장만이 아니잖은가. 이야기가 있고, 볼거리가 있고, 즐길거리가 있고…무엇보다 우리의 치열한 삶의 모습이 고스란히 담긴 곳 아닌가. 그런 현장엔 언제나 사람들이 있고, 그 사람들로 인해 울고 웃는 애환이 만들어진다. 그래서 사람에 대한 애정이 없는 사람은 시장문화기획자가 되기 어렵다.

나는 어떠냐고? 말하지 않아도 독자들이 짐작하는 대로다. 주변에 사람이 없으면 못 사는 사람이다. 못골시장 상인들이 내게는 다 어머니고 아버지이고, 그들에게 난 아들이다. 빈말이 아니다. 혹 못골시장에 들를 일이 있으면 아무 상인이나 붙잡고 '김승일이 어떤 사람이냐'고 물어보라.

시장문화기획자는 남의 말을 잘 들을 줄 알아야 한다. 시장사람들은 고집 세기로 치면 대한민국에서 둘째가라면 서러운 사람들이다. 수십 년 장사만 해온 사람들이라 장사에 관한 한 자신의 생각이 곧 진리요, 법이다. 그러니 누가 얘기한다고 해서 들어주지 않는다. 오직 내 얘기만 있을 뿐이다. 이런 사람들을 대상으로 일을 해야 하는데, 내 말이 먼저라고 설치면 누가 호응하겠는가. 그래서 큰 귀를 갖고 어떤 얘기도 들을 준비가 되어 있으면 시장문화기획자로서는 안성마춤이다.

그 밖에도 여러 가지가 있겠지만 본문에서 자세하게 다룰 거리로 남겨두고, 이 프롤로그에서 한 가지만 더 말하면, 시장문화기획자라면 참여의식이 있어야 한다. 혹 시장 같은 데 갔다가 뜻밖의 이벤트를 만났던 경험이 있을 것이다. 상품을 보면 참가하고 싶은 데 사람들의 시선이 부담스러워 주뼛거렸을 것이다. 시장문화기획자가 일단 이런 사람이면 곤란하다. 아무데나 끼기를 좋아할 만큼 참여의식이 남달라야 한다. 또 오지랖도 넓어야 한다. 시장사람들을 문화의 현장으로 끌어내는 데는 진정한 참여의식보다 더 좋은 설득코드가 없기 때문이다.

이제 바로 앞 질문에 답할 때가 된 것 같다.

이 땅에서 시장문화기획자로 산다는 것은 주어진 환경에 체념하지 않고 뭔가 새롭게 거듭나도록 하는 도전 속에서 보람을 찾는 일이 아닐까 싶다. 사실 전통시장 대부분은 우리가 짐작하는 것보다 훨씬 더 힘들다. 정치인들이 선거 때만 되면 시장에 온다. 대통령선거도 예외는 아니다. 어떤 후보는 시장상인을 내세워 광고까지 한다. 그럼 이들이 왜 시장에 찾아와서 사진 찍고 난리법석을 떨까? 바로 이 질문의 답에 내가 이 땅에서 시장문화기획자로 살아가는 이유가 들어있다.

'삶의 현장'. 이 보다 더 적합한 답이 있을까. 없을 것 같다. 내가 이 땅에서 시장문화기획자로 살아가는 것은 삶 말고 또 다른 이유는 없다. 삶이란 말이 함축하고 있는 그 모든 상징들을 생각해보자. 그게 곧 나이고 우리다.

나는 오늘도 시장에 가면 마음이 푸근해진다. 바쁜 회사일로 짜증이 나다가도 휑하니 못골시장 한번 갔다 오면 스트레스가 확 날아가고 다시 의욕이 샘솟는다. 그래서 사람들은 나를 '시장맨'이라고 부른다. 내게 이보다 더 딱 맞는 별명이 있을까.

'시장문화기획자'-.

이제 막 생겨나기 시작하는 직업이지만 시장맨인 내게 최고의 직업이듯 시장문화기획자가 이 땅의 젊은이들이 선망하는 직업이 되길 꿈꿔본다.

그 답은 이런 시장문화기획자가 재능기부 차원의 봉사가 아니라 돈을 버는 직업이어야 한다는 당위가 따라온다. 그렇다. 나는 충분히 승산이 있다고 본다. 시장문화기획자가 돈을 잘 버는 유망직종이 되고, 그런 그들의 작업 현장인 시장은 장보러 오는 사람들로 북적거리길 기대하면서 전통시장을 확 바꿔주는 나의 시장문화기획자 분투기를 시작한다.

애동녀 손
만두
고기 손만두
김치 손만두
은우리 양념전

제1부
못골시장 청년장사꾼

전통시장이란 어떤 곳인가

왠지 친근감 있게 다가오는 시장을 '인간미가 물씬 풍기는 삶의
현장'이라고 해도 크게 이의를 달 사람은 없을 것 같다. 그렇게 시장
은 우리의 삶 가까운 곳에서 우리와 애환을 함께 하며 동고동락해온
관계이다. 그럼에도 요즘에는 시장이 저만치 먼 거리에서 우리의 삶
과는 너무도 동떨어진 존재가 되어 있다. 아니 '존재'라는 낱말을 쓰
기조차 민망할 만큼 존재감이 없는 존재가 됐다고 해도 크게 틀리지
않을 것 같다.

　얼마 전까지만 해도 시장을 그냥 '시장'이라고 불렀지 요즘처럼 '시
장' 앞에다 굳이 '재래'니 '전통'이니 하는 낱말을 붙여서 '재래시장'
이니 '전통시장'이니 하고 부르지 않았다. 이는 얼핏 보아 '시장'의
기능을 하는, 또는 대신하는 마트나 슈퍼마켓, 백화점 같은 다양한
것들이 있어 이것과 구분하기 위해서 두 글자를 네 글자로 늘려 불

렀을 터인데, 분명하게 나누기를 좋아하는 현대인의 말글살이 영향이라고 좋게 받아들일 수도 있다.

하지만 과연 그럴까? 아, 용어 하나 먼저 정리하고 넘어가자. 앞으로 이 책에서는 흔히 말하는 재래시장은 전통시장으로 부를 것이다. 재래시장에서 '재래'라는 낱말의 뉘앙스가 낡았다는 의미를 강하기 풍기고 있어 가뜩이나 부정적인 이미지의 재래시장을 더 부정적이도록 한다고 해서 '전통시장'으로 바꿔 부르고 있기 때문이다.

다시 본론으로 돌아와, 전통시장을 단순한 편의를 위해 나눠 부른다면야 무슨 걱정이겠는가. 사실 전통시장은 그냥 '시장'으로 통할 만큼 일반명사로서의 자부심을 간직한, 또 인류의 역사와 함께 해온 소위 시장의 대명사였다. 그런데, 앞에서 말한 말글살이의 결과이든 아니면 현실의 반영이든 지금의 시장은 앞에다 '전통' 자를 붙여서 겨우 목숨만 유지하는 형국이 되었다.

눈을 한번 크게 뜨고 내가 살고 있는 집 주변에 전통시장이 있는지 찾아보자. 그다지 멀지 않은 곳에 반드시 시장이 있을 것이다. 눈여겨보지 않아서 그렇지 100%라고 하면 뻥이 될 것 같으니 99%쯤이라고 해두자. 내가 왜 그걸 몰랐는지를 몰랐다고? 우리가 늘 다니는 마트나 슈퍼마켓은 일단 시장이란 개념의 범주에서 제외시키고 보자. 제대로 규모를 갖춘 곳이 아니더라도 고만고만한 생활필수품들을 파는 시장이 분명히 있다. 그럼에도 사람들은 우리 집 주변에는 시장이 없다고 생각한다. 지금은 물건을 산다고 생각하면 당연히 편의점이나 슈퍼마켓, 마트를 연상하기 때문일 것이다. 그래서 시장

전통시장 활성화의 대명사인 수원 못골시장의 활기찬 모습.

은 보지도 못한, 옛날이야기에나 나올 법한 공간이 된 것이다. 그렇다고 너무 자책하지 말자. 일단 그건 당신 탓이 아니라 자본의 논리가 우리의 전통을 잠식한 결과라고 핑계를 대자.

전국 어디를 가나 쉽게 만날 수 있는 곳에 전통시장이 자리 잡고 있다. 현재 전국에는 1,500여개의 전통시장이 있다고 하니 대부분의 삶의 현장에 자연적으로 지리적인 안배 속에 적당하게 균형을 잡고 자리하고 있을 것이다.

그럼 전통시장이란 게 뭘까? 그것도 모르냐고 눈을 흘길 독자가 있을지 모르나 사실 지금은 이런 질문이 필요한 시대다. 초등학생들 중 상당수는 정말로 전통시장이 뭐야 하고 묻는 게 현실이다. 그럼 당신은?

시장은 한 마디로 말하면 물건을 사고파는 곳이다. 그럼 누가. 당연히 사람들이다. 사람들이 물건을 사고파는 곳이 시장이다. 그런데 시장이 물건만 파는 곳이었을까? 그건 아니었다는 점에 대해 이의를 달 사람은 없을 것이다.

경북대 장홍섭 교수가 쓴 『대구 전통시장 과거·현재·미래』(2010, 경북대학교 출판부 펴냄)를 보면, 전통시장이란, "상거래의 중심지, 소박하고 정이 넘치는 삶의 현장, 문화·놀이의 장, 그리고 만남의 터전 등 사회적·경제적으로 많은 역할을 해온 곳"이다.

그렇다. 시장은 단순히 물건만 사고파는 현장이 아니었다. 삶의 모든 희노애락이 녹아있는 현장이었다. 예전에 엄마들이 장보러 간다고 하면 으레 전통시장에 가는 것이었고, 아버지가 장보러 간다고 하면 으레 사람들을 만나고 소식을 들으러 전통시장에 가는 것이었다. 그런데 이젠 전통시장에는 그런 낭만과 추억이 사라졌다. 그저 물건의 거래만 있을 뿐, 그것도 아주 뜸하게 거래가 이루어질 뿐 사람의 삶이 없다. 전통시장은 텔레비전의 화제 코너에서 다룰 소재이거나 관광객들의 눈요깃거리로 전락한 처지다. 하기야 그렇게 해서라도 멀어진 사람들의 발길이 이어진다면 옛 영화는 아니더라도 명맥만이라도 유지할 수 있으니 얼마나 좋을까 싶기도 하다.

그동안 시장의 모습이 변화된 것만은 사실이다. 현대화 산업화 도시화 그리고 여성의 사회 진출 확대 등의 결과로 따라온 도시의 팽창, 시골의 공동화, 그리고 가정환경의 변화가 가져온 변모이다. 시장은 분명 사람들이 사는 삶의 현장 부근에 존재해야 한다. 접근성이 떨어지는 곳에 시장이 있다고 한들 무슨 의미가 있을까. 그러나 지금은 그렇지 않다. 미국 같은 나라에 가면 대형마트들이 도심에서 수십 킬로미터 떨어진 곳에 위치해 있어도 마이카시대의 상징답게 장사가 잘 된다. 이제 우리도 이와 다르지 않다. 자동차대중화시대가 완성단계에 접어든 만큼 서구식 장보기 패턴이 자연스럽게 자리 잡았다.

옛날 5일장을 떠올려보자. 자세한 학술적 분석은 모르지만 내가 짐작하기에는 당시에는 대부분의 먹거리들이 자급자족하고 필요한 공산품이나 옷 같은 것을 구입하던 때인지라 지금처럼 매일매일 시장에 갈 필요가 없었다. 또 인구도 매일 상설시장이 들어서야 할 만큼 많지도 않았다. 그러니 닷새에 한 번씩 장이 서도 그 동네의 물건 수급이 적절하게 잘 이루어질 수 있었다.

전통시장 하면 으레 떠올리는 게 '물건 값 깎기'와 '덤'이 아닐까 싶다. 소위 물건 값을 놓고 다 받으려는 상인과 덜 주려는 고객 사이의 밀고 당기는 흥정과 모든 거래가 결정이 나면 상인의 후한 인심이 '덤'으로 표시된다. 그런데 이런 상거래에서는 사람 대 사람이 만나지 않으면 이루어지기가 어렵다.

하지만 지금 대부분의 상점에 가면 물건들이 사람 대신 가격표를 몸에 달고 고객을 맞는다. 고객은 "이거 얼마예요?" 할 것도 없다. 물건이 달고 있는 가격표를 보면 된다. 그리고 정찰제라는 제도 때문에 언감생심 물건 값을 깎을 생각조차 하지 않는다. 그래서 물건을 사기로 결정하기까지 사람과의 커뮤니케이션이 전혀 필요 없다. 물건을 들고 계산대로 가서 그것도 현금이 아닌 크레디트카드로 결제하면 그만이다. 그런 고객들이 전통시장으로 가면 태도가 바뀐다. 이번에는 정찰제 가격표시가 있음에도 조금도 주저하지 않고 아예 적극적으로 물건 값 흥정에 돌입한다. 흥정이 끝나고 나서도 너무도 당당하게 덤을 요구한다. 그럼에도 사람들은 전통시장보다는 마트를 더 좋아한다.

전통시장은 우리네 삶의 모든 곳이 있는 곳이다. 또한 우리네 삶의 현장을 고스란히 대변하는 현장이기도 하다. 그래서 선거 때가 되면 대통령 후보든, 국회의원 후보든, 시장이나 군수 후보든 앞 다투어 달려가는 곳이기도 하다. 왜 그럴까? 그건 바로 우리의 현재의 모습이자 삶이기 때문이다. 또한 전통시장은 온갖 사람들이 드나드는 곳이기에 사람들의 마음을 읽을 수 있는 풍향계이기 때문이다.

1988년부터 시작된 유통시장 3단계 개방계획에 따라 1996년부터는 아예 전면 개방이 되어 서구식 유통회사들이 대거 우리 땅에 들어오면서 전통시장의 설자리는 상대적으로 점점 줄어들었다. 이들 유통회사들은 선진경영기법으로 무장하고 소비자보호와 최저가보장제를 내세워 공격적인 마케팅을 전개했다. 전통시장에서는 감히 생각지도 못할 용어들을 써가며 현대인들을 끌어들였다. 영화에서만 보던 자가용 타고 마트에 가서 카트에 아이들을 태우고 장을 볼 수 있게 됐다. 너도나도 마트로 마트로 달려갔다. 이들은 고객들을 저인망으로 훑듯이 끌어들였다. 또 취급하지 않은 상품이 없다. 그러니 물건을 사기 위해 여러 곳을 다닐 필요도 없다. 한곳에서 원스톱으로 필요한 물건을 다 구입할 수 있게 되었다.

한자성어에 당랑거철(螳螂拒轍)이란 말이 있다. 중국 춘추시대 제나라의 장공(莊公)이란 사람이 수레를 타고 사냥터로 가고 있었다. 이때 벌레 한 마리가 앞발을 '도끼처럼 휘두르며' 수레바퀴를 칠 듯이 덤벼들더란다. 수레를 끄는 하인이 사마귀라며, 사마귀는 앞으로 나아갈 줄만 알지 물러설 줄을 모르고, 제 힘은 생각지 않고 강적에게 마구 덤벼드는 버릇이 있다고 아뢰었다. 그러자 장공은 고개를 끄덕이며 만약 인간이라면 틀림없이 천하무적의 용사가 되었을 것이라고 했다. 그러고는 그 용기를 높이 사서 수레를 돌려 피해 가도록 했다. 이 고사에서 나온 사자성어인데, 제 분수도 모르고 거대한 수레바퀴를 막으려 무모한 짓을 하는 것을 비유하는 말이다.

그렇다. 전통시장이 자본력을 앞세운 거대 회사들과 경쟁하는 것은 흡사 수레 앞에 발을 들이대는 사마귀 같은 신세일지도 모른다. 흔한 말로 골리앗에 맞서는 다윗의 신세랄까.

하지만 전통시장은 힘겹지만 여전히 기본적인 역할을 성실히 수행하고 있다. 우리가 조금만 시선을 살갑게 돌리면 전통시장이 우리의 친근한 이웃이자 흥정과 덤이 넘치는 공간으로 기능할 것이다.

서민경제의 대명사였던 전통시장은 지금 취급하는 품목도 많이 줄었다. 오만 가지 상품들이 고만고만한 상점에 진을 치며 사람들과 흥정을 하는 공간이었지만 지금은 웬만한 상품들의 상권은 다 빼앗기고 식료품이나 생활필수품 위주로 단출하게 구성돼 있다. 또한 시설도 대형유통회사와는 비교도 할 수 없을 만큼 열악한 환경 속에 있는 것 또한 현실이다.

인터넷에 어떤 네티즌이 '재래(전통)시장과 대형마트의 차이'라는 제목의 글을 올린 걸 본 적이 있는데, 깊이 공감하였던 터여서 여기 인용해본다. 글쓴이는 자신의 경우 채소나 과일, 육류, 생선류, 해산물, 건어물은 재래시장에서, 그 밖의 물건들은 대형마트에서 사는 등 확실하게 구분하여 나름 전통시장을 많이 이용하는 사람이기에 전통시장을 폄하하려는 의도가 아니라 더 많은 사람들이 이용했으면 하는 바람에서 썼다고 했다.

대형마트 주차가 편리하다.
재래시장 주차가 불편하다. 주차공간이 없어 차 잘못 세웠다 딱지 끊은 적도 있다.

대형마트 카드를 쓰든 현금을 쓰든 눈치를 볼 필요가 없다.
재래시장 카드단말기를 거의 숨겨놓다시피 한 경우도 있으며 카드를 내밀면 인상을 쓰기도 한다.

대형마트 어떤 물건이든 먹는 것이든 상태를 살피기 위해 마음대로 들었다 났다 해도 전혀 문제가 되지 않는다.
재래시장 물건을 들었다 났다 하는 것까지는 좋은 데 안 사고 그냥 가면 뒤통수에서 이상한 말들이 들려오며 가끔은 다시 가서 한판 하고 싶을 때도 있다. 실제 전설 속에서나 나올 법한 "소금 뿌려라"라는 말을 들은 적도 있다.

대형마트 환불, 교환이 편하다.

재래시장 환불, 교환이 불편하기도 할 뿐더러 눈치가 보인다.

대형마트 시식코너에서 마음껏(?) 집어먹을 수 있지만 꼭 사야 한다
는 압박감이 전혀 없다.

재래시장 일단 시식을 했다는 자체에 큰 중압감이 느껴지며 실제 맛이
별로 없어 "다음에 올 게요" 하며 정중하게 인사를 하고 자리를 뜨지
만 "먹고 그냥 가네"라는 듯 찌푸린 눈살과 함께 궁시렁 궁시렁 거리
는 소리를 들을 때도 많다.

대형마트 박수 소리와 함께 뭘 세일한다 지르는 소리 외에는 비교적
쇼핑환경이 쾌적한 편이다.

재래시장 가끔은 같은 상인들끼리 당장이라도 잡아먹을 듯 험한 욕을
하며 싸울 때도 있다.

대형마트 원산지 표시가 잘돼 있다.

재래시장 원산지 표시가 잘 안 돼 있는 곳도 제법 있고 원산지 표시를
했더라도 박스 쪼가리를 대충 찢어 매직으로 직접 쓴 것이어서 믿기
어려울 때가 한두 번이 아니다.

대형마트 과일 같은 경우 위에 보이는 것과 밑에 깔려 보이지 않는 것의
차이가 크지 않다. 또 집에 와서 뜯어보고 아니다 싶을 경우 다시 쫓아

가 항의하면 "죄송합니다"라는 말과 함께 바꿔오기 쉽다.

재래시장 위에 보이는 것과 밑에 있는 것의 차이가 심할 때가 많다. 하지만 들고 가서 뭐라 하면 괜히 서로 얼굴 붉힐 것 같아 그냥 참고 마는 경우가 종종 있으며 또 그게 정신 건강에도 좋다.

대형마트 비싸든 싸든 어쩌든 가격표시가 돼 있고 그 누구에게도 같은 가격으로 판다.

재래시장 부르는 게 값이며 사람에 따라 가격이 달라지기도 한다.

대형마트와 재래시장의 차이에 대해 어떤 네티즌은 이렇게도 구분했다. 인용해본다.

대형마트는 MSG이고, 재래시장은 유기농이다.

대형마트는 형광등이고, 재래시장은 햇빛이다.

대형마트는 댄스뮤직이고, 재래시장은 Lo-Fi(하이파이의 반대, 저충실도)다.

대형마트는 단방향이고, 재래시장은 양방향이다.

대형마트는 Globalization이고, 재래시장은 Localization이다.

대형마트는 맨허튼(미국)이고, 재래시장은 산 페드로(남미)다.

한편 전통시장은 유통주기에 따라 크게 5가지 유형으로 나눌 수 있다. 5일장이나 7일장처럼 일정기간에 따라 보부상이 방문하는 정기시장을 비롯하여 상인들이 시장 가까이에 살며 항상 문을 여는 상설시장, 정기시장과 상설시장 기능을 합친 복합시장이 있다. 또 소비자층 분포에 따라 시장을 중심으로 지역 가까이에 있는 고객을 대상으로 하는 지역형시장과 도 단위 이상의 전국적 소비자층을 대상으로 하는 광역형시장이 있다.

얼마 전에 '비틀에코'(강원도 춘천에서 도심양봉사업을 하는 청년기업)라는 사회적기업으로부터 들은 얘기인데, 전통시장 옥상에다 정원을 꾸미고 그곳에서 도심양봉사업을 할 예정이라고 했다. 나중에 들은 바로는 전통시장의 건물이 너무 노후화하여 안전도 검사 결과 부적합 판정이 나와 사업공간을 부득이 다른 곳으로 옮겼다고 해서 아쉬움이 컸다.

그렇다. 나는 비록 실행되지는 않았지만 이 사업 얘기를 듣고 바로 이거다며 무릎을 쳤다. 전통시장이 예전에 존재하던 낡은 방식으로 존재해서는 경쟁력이 없다고 생각한다. 이렇게 다양한 문화와 연계하면서 새로운 기능을 찾아나가면 분명히 경쟁력이 생길 것이다. 시대의 흐름과 발맞추면서 변화해야 한다. 그래서 나 같은 시장문화기획자의 역할과 기능이 필요하다.

못골시장과 남문시장들

경기도 수원 하면 사람들은 으레 유네스코 세계유산으로 등재된 화성을 떠올린다. 화성은 알다시피, 노론의 정치적 모략에 의해 희생된 사도세자(思悼世子, 원래는 장헌세자)의 아들인 조선 22대 임금 정조가 아버지의 한을 풀기 위해 양주(楊州) 땅 남쪽 중량포(中梁浦) 옆 배봉산(拜峰山) 자락(지금 서울 동대문 전농동 서울시립대 자리)에 있던 아버지의 묘(永祐園)를 이장한 곳이다. 현륭원(顯隆園)이다. 이곳은 수원 읍치에 있던 화산(花山) 밑 명당자리다. 누워있는 용이 여의주를 희롱한다는 반룡농주(盤龍弄珠)의 자리라는데, 팔달산 일대가 용이 날아오르고 봉황이 춤을 추는 곳이란다. 그래서인지 애초 남인인 윤선도(尹善道, 1587~1671)가 효종의 능지로 추천했지만 노론의 영수 송시열(宋時烈. 1607~1689)의 반대로 효종의 능지가 되지 못했던 땅이다. 그런 곳이라 정조는 이곳에 성을 쌓고 행궁을 짓는 등 실질적인 수도로 만들어가면서 '사람 사는 세상'을 가꾸려는 꿈을 꾸었다.

이 '사람 사는 세상'을 만들기 위해서는 사람들이 모여들어야 함이 당연지사. 그래서 정조는 화성을 축조하고 수원천 변에 버드나무를 심어 제방을 쌓는 등 도시로서의 면모를 갖추는 한편 사람들이 모여들 수 있는 다각적인 방법을 고민한다. 그 중의 하나가 시장을 활성화하는 것이었다.

지금도 수원의 화성에 가면 팔달문시장을 비롯한 9개의 시장을 만날 수 있다. 팔달문시장, 영동시장, 지동시장, 미나리광시장, 패션일번가, 시민상가, 구천동공구상가, 로데오거리 그리고 못골시장. 화성행궁을 둘러보느라 다리도 아프고 배도 출출해질 즈음 가까이에 있는 이들 시장에 들러 요기도 하고 구경도 할 수 있다. 문화재와 연계되어 있어 문화재를 보러 온 사람들의 발길이 자연스럽게 시장으로 이어지게 된다. 또 시장에 왔던 사람들이 시간이 남으면 으레 화성행궁으로 발길을 옮기는 그 반대현상도 자연스럽다.

이곳에 시장이 들어선 것은 1년에 12번이나 아버지의 묘를 찾을 정도로 효성이 지극했던 정조의 명에 의해서라고 한다.

아버지 사도세자와 어머니 혜경궁 홍씨 묘를 수원부 화산으로 옮기고 현륭원이라 칭했던 정조는 수원의 입지를 강화할 목적으로 상업의 활성화에 적극 나서게 된다. 당시 팔달문에는 한 달에 여섯 번 장이 섰는데, 이 장을 활성화하기 위해서는 상인이 필요했다. 그런데 그저 수단과 방법을 가리지 않고 이문만 남기는 장사꾼으로는 정조의 개혁정신을 대변할 수 없었다. 상도(商道)를 아는 상인이 필요했던 것이다. 그래서 정조는 유경(柳京)에 꾀꼬리가 날아오기를 기다렸다고 한다. 여기서 '유경'이라 함은 '버드나무가 많은 서울'이란 의미인데, 당시 수원을 그렇게 불렀다. 현륭원을 건설하면서 백성들의 풍요와 더불어 경관을 아름답게 꾸미기 위해서 수원천 변에 버드나무를 많이 심은 데서 붙여진 이름이다.(평양도 유경이라 불렀는데, 버드나무를 심은 목적이 수원과 달리 평양사람들의 드센 기질을 누르기 위함이었다고 한다.) 그리고 꾀꼬리는 상인 즉 유상(柳商)을 말한다.

그러나 상도를 아는 상인을 찾기란 쉽지 않았다. 그때 해남에 터를 잡은 고산 윤선도의 집안이 문화와 예를 알고 이(利)와 의(義)를 중시하는 무역상이었다고 한다. 그래서 정조는 이들을 이곳 화성의 시장에서 활동하도록 초빙한다. 정조의 간곡한 초빙에 해남의 윤씨 가문은 문중회의를 통해 화성으로 올라오기로 결정한다. 그리고 화성으로 올라와 둥지를 틀고 유상이 된다.

팔달문은 우리가 익히 아는 이리저리 사방으로 통한다는 사통팔달(四通八達)의 의미를 지니고 있다. 그런데 사통팔달의 깊은 의미를 들여다보면 결국 사람과 물건의 소통이 이루어지는 곳, 즉 시장이라는 의미로 중첩됨을 알 수 있다.

이렇게 화성 부근은 시장이 들어서면서 사람들의 발길이 북새통을 이루며 경제의 중심지가 되었다. 근대화, 산업화, 도시화의 과정을 거치면서 시장의 면모도 많이 변화하였다. 그러면서 나름의 특색을 가진 시장들이 하나둘 생겨나기 시작했고 모두 9개가 된 것이다.

우리나라 대표상인 하면 사람들은 평양상인이나 개성상인, 함흥 상인을 떠올리지만 수원유상 역시 나름 우리나라 상권을 쥐락펴락 하며 지금까지도 그 명맥을 이어오고 있다. 어쩌면 다른 상인들은 전설 속의 역사로만 남아있는 반면 수원유상만이 아직도 그 생명력 을 이어가고 있다는 점에서 보면 최종 승자가 아닌가 하는 생각도 든다. 마지막에 웃는 자가 승자가 아닌가 싶다. 그런데 승자라는 말 이 전혀 시장스럽지 않은 용어라는 느낌이 든다. 그렇다. 시장에는 승자나 패자가 아닌 사람이 있는 곳이기 때문이다.

하지만 팔달문 일대의 시장 역시 수차례 부침을 거듭하며 위기를 맞으면서 여기까지 왔다. 그렇잖아도 옛 전통이 사라지고 있는 가운 데 특히 수원천이 복개되면서 역사와 전통도 콘크리트 복개판 밑에 묻었었다.

그러던 것이 수원화성이 복원되고 수원천 역시 복개판을 벗겨내 는 등 옛모습을 찾으면서 이곳 시장들은 새로운 전기를 맞았다. 영 영 보지 못하도록 콘크리트 속에 묻었던 역사와 전통을 다시 꺼내 단단하게 감싸고 있던 콘크리트 껍질을 깨고 먼지를 털어내고 다시 금 끌어안았다. 그래서 지금 팔달문에 오면 활기 넘치는 유상의 후 예들이 펼치는 삶의 현장을 만날 수 있다.

특히 9개의 시장 중에서 단연 인기 1위는 못골시장이다. 못골시장 의 유명세는 이곳 팔달문만으로는 좁다. 전국구다. 전통시장 중 활 성화가 가장 잘된 영순위 시장이다. 물론 문화관광부에서 시행했던 '문전성시'-2부에서 따로 자세하게 다룰 예정- 프로젝트의 성공적

복개를 걷어낸 수원천 변을 따라 자리잡은 수원 팔달문 일대 시장 모습.

수행의 결과이긴 하지만 못골시장의 활성화는 부근 다른 시장에도
활기를 불어넣고 나아가 팔달문 일대 9개 시장 모두가 활력 넘치는
유상의 전통을 회복하는 데 큰 기여를 하고 있다.

못골시장은 팔달문 일대의 시장들 중 맨 끄트머리에 간신히 매달려
있는 골목시장이다. 시장이라기보단 팔달문으로 가는 지름길 양 옆
으로 난점들이 늘어서 있는 형국이었다. 어찌 보면 주택가 골목에 더
가깝다. 주택가 대문 앞에 노점이 하나둘 생기면서 시장이 시작된 것
이었다. 왜 안 그렇겠는가. 애초에는 따로 이름도 없었거니와 지동시
장에 기대 장사를 하던 노점이 중심이었으니 시장 축에도 못 끼었을
법하다.

나는 바로 이 못골시장에서 장사를 시작했다. 그리고 이 못골시장

이 나를 시장문화기획자로 키워주었다.

2005년 내가 처음 장사를 시작할 때만 해도 못골시장은 그냥 '시장'이었다. 수원 동쪽 사람들이 팔달문시장에서 장보기 위해 버스를 타고 오면 내리는 곳에 바로 위치해 있어 여느 시장들보다는 장사가 조금 잘 되는 정도. 큰 길 옆인 데다 지름길 역할을 해서 사람의 왕래가 빈번한 데서 오는 이점이 있을 뿐이었다.

이런 못골시장이 시장으로서의 역할을 제대로 해보겠다고 맘 먹은 것이 상인회가 처음 조직된 2003년이다. 당시까지 노점들과 점포들이 한데 어우러져 난전 형태를 이루고 있던 터라 상인회가 없었음은 물론 전통시장으로 등록조차 되어 있지 않았다. 그냥 그저 그런 시장이었다. 이름도 없고 전통도 없는 시장. 그런 시장이 전국의 내로라하는 시장 중의 시장이 되었다는 것은 어떻게 보면 기적에 가까운 일이라고도 할 수 있다.

사실 '기적'이라는 말이 빈말이 아닌 것은 가능성이라곤 거의 보이지 않았기도 하거니와 늘 싸움이 있고 고객보다는 상인이 왕인 그런 시장이었기에 과연 환골탈퇴 할 수 있을까 하는 의구심이 강하게 들었던 게 사실이기 때문이다. 더욱이 오랜 동안 나름 장사 노하우로 무장된 상인들이 이래라 저래라 하는 것에 따라줄 리도 만무였고, 따른다 해도 어디 한번 해봐라 하는 심사들이어서 감히 구제불능이었다고 해도 틀리지 않을 것 같았다. 또한 시장의 정체성이 있을 리 만무였다. 시쳇말로 물건을 사고파니까 시장이라고 부를 뿐 어느 것 하나 제대로 갖추어진 것이 없었다. 상인들은 저마다 먹고

사는 수단으로 장사를 하고 있을 뿐 하나의 시장이라는 공동체로 접근하기조차 민망한 모래알들이 아옹다옹하는 현장, 그 이상도 그 이하도 아니었다.

하지만 못골시장은 어쩌면 유상의 전통의 혜택을 가장 못 받은, 유상의 후예라고 하기에도 뭔가 2% 부족한 핸디캡에도 불구하고 지금은 유상의 전통을 가장 잘 잇는 유상의 후예가 되었다.

어떻게 이런 못골시장이 환골탈퇴했을까. 알다시피 환골탈퇴(換骨奪胎)를 사전에서 찾아보니, "낡은 제도나 관습 따위를 고쳐 모습이나 상태가 새롭게 바뀐 것을 비유적으로 이르는 말"이라고 설명하고 있다. 유충 상태로 있던 곤충들이 허물을 벗으며 온전한 자신의 모습을 찾듯 못골시장이 영락없이 그 짝이다.

이 책에서 그 점에 대해 자세하게 얘기하겠지만 이 못골시장의 성공-아직 성공이라고 하기에는 이르다-은 전국의 1,500여개 전통시장들에게 자극을 주고 또 좋은 롤 모델로 기능하여 전국의 모든 시장이 함께 활성화되는 일에 조금이라도 보탬이 되고 싶다. 프롤로그에서 썼던 얘기이지만 여기서 다시 반복하는 것은 전통시장의 활성화가 그만큼 중요한 시대적 과제임과 동시에 못골시장의 환골탈퇴를 겪으면서 나도 시장문화기획자로 다시 태어났기에 남다른 사명감이 들기 때문이다.

나의 시장 입성기

어려서부터 시장을 놀이터 삼아 자랐지만 내가 시장에서 장사하게 될 줄은 정말 꿈에도 생각하지 않았던 일이다. 물론 나는 나이는 어려도 감히 못골시장 터줏대감이라고 할 수 있다. 수원 못골시장에 와 보면 현대식 주차타워를 만날 수 있는데, 이 주차타워 출입구 자리가 고조할아버지 때부터 살아 내려온 우리 집터다. 이 터에서 할아버지는 국수공장을, 부모님은 보신탕집을 했다.

내가 어린 시절 살던 이 자리에 있던 집은 ㄷ자 모양의 한옥이었는데, 나름 운치 있었던 걸로 기억한다. 하지만 한옥의 불편함 때문에 아파트 사는 친구들을 몹시 부러워하기도 했었다.

내가 코 흘리개 시절엔 수원천이 복개가 되지 않은 데다 각종 생활하수가 집중적으로 흘러들어와 썩는 냄새도 진동했고, 물도 물이 아니었을 만큼 환경적으로 좋지 않았다. 그래서 수원천을 덮는 공사를 한다고 했을 때 환경이나 생태계 문제를 고려하기보단 우선 지저분한 것들이 덮이고 하수구 냄새도 덜 날 것 같아 사람들이 너도나도 좋아했던 것 같다.

그런데 하천을 시멘트 콘크리트판으로 덮는 게 지저분하고 냄새 나는 것을 근본적으로 해결하는 것이 아니라 임시방편으로 우선 눈에 보이지 않게 하는 것에 불과하다는 것은 조금 더 커서 알게 됐다. 겨울에 온 천지를 하얗게 덮었던 눈이 녹으면 이곳저곳 지저분한 속살이 고스란히 드러내듯 복개도 그랬다. 여하튼 그런 곳이었지만 수원천 변과 봉화대며, 성벽이 어린 시절 내 놀이터였다.

나는 늘 집 부근에서 놀았다. 어머니가 운영하는 식당에서 급한 심부름이 있으면 냉큼 달려가야 하기 때문이었다. 심부름의 대부분은 시장으로 급히 달려가서 식당에 필요한 물건을 사오는 것이었다. 사이다나 콜라 같은 음료수를 사기 위해 슈퍼로, 파나 마늘을 사기 위해 야채가게로 달려갔다. 그럼 시장 상인들은 "오시오 아들 왔어!"(식당 이름이 오시오식당이어서 상인들은 나를 이렇게 불렀다) 하면서 반갑게 맞고는 "자, 뭐가 필요해서 왔남?" 하며 물건들을 챙겨주시곤 했다. 나는 심부름을 다닐 때 돈을 갖고 가지 않았다. 어머니께서 뭘 사와라 하면 그냥 시장으로 가서 달라고 하면 그만이었다. 계산은 월말에 어머니가 일괄로 했다.

지금도 유난히 내 기억 속에서 지워지지 않는 가게는 충남상회, 월계슈퍼, 야채가게, 태양만물 등이다. 아, 영동시장에 통닭 심부름도 갔었다. 우리 식당이 보신탕집이라 함께 온 손님이 보신탕을 먹지 못하면 대신 삼계탕을 시키기 때문이었다.

또 수원천 변에는 가마솥 통닭집들이 즐비하게 늘어서 있었는데, 통닭집 앞에 앉아있으면 아저씨 아줌마께서 닭 튀기다 남은 부스러기를 주시곤 했다. 이 가게 저 가게에서 전이나 과자 같은 것을 얻어먹으며 졸릴 땐 아저씨 아주머니 무릎을 베고 낮잠도 자며 보냈던 곳이다.

그래서 나는 이곳 시장통에서는 오시오식당 아들이자 상인들 모두의 아들이 되었다. 시장사람들이 모두 함께 나를 키웠다고 해도 크게 틀린 말이 아니다. 그래서 모두 내게는 어머니이고 아버지이다. 지금도 간혹 수원의 다른 전통시장에 갔다가 나를 알아보고 오시오 아들 아니냐고 알은체하시는 분들을 만나곤 한다. 내가 시장의 아들이란 사실은 그래서 부인할 수 없는 훈장 같은 것이다.

하지만 나는 애초 시장에서 장사할 생각은 없었다. 4대 독자라 애지중지하시던 부모님의 과보호 속에서 자랐지만 시장의 거친 현장에서 보고 듣고 느끼면서 내 자아를 형성하면서 나는 좀 다르게 살고 싶었던 게 사실이다. 장사가 아닌 걸 알고 싶었고, 시장보다는 더 큰 세상을 만나고 싶었었다. 그래서 대학은 통계학과로 진학했다. 학교가 집에서 멀기도 하였지만 그보다는 과보호의 온실 속에서 벗어나고 싶었다. 부모님과 상의 끝에 독립하기로 하고 나는 학교 부근에 방을 얻어 혼자 자취생활을 했다. 그때 나는 온 세상이 다 내 것 같은 자유를 누렸다. 원 없이 자유를 구가했었다.

나는 대학 시절 동아리 활동을 매우 열심히 했다. 풍물을 배우고 싫어 민속연구부에 들어갔다. 그런데 알고보니 풍물부는 탈춤반이었다. 예상치 못한 탈춤에의 입문이었지만 정말 재미있었다. 나는 탈춤 동아리 활동을 통해 사람이 이렇게 확 바뀔 수도 있다는 것을 알았다. 내성적이고 매사에 조심성이 있던 나는 재담이나 춤으로 이루어진 탈춤 공연을 통해 좀 뻔뻔해지면서 성격이 외향적으로 바뀌었다. 더군다나 학교 밖의 각종 대회에 참가하면서 외부와의 교류를 통해 사람들과 교류의 폭을 넓힐 수 있어 좋았다. 또 해양소년단 대학생부 활동을 통해 초등학생들을 지도하는 프로그램을 통해 교육과 리더십에 대해서도 트레이닝 할 수 있었다.

어떻게 보면 나는 동아리 활동을 위해 대학에 들어온 사람 같았다. 정말 학과 공부보다는 동아리에 푹 빠져서 지냈다. 나의 이런 오지랖은 학생회장에 출마까지 하기에 이른다. 모두 5명이 후보로 나섰는데, 그 중 한 명은 운동권이었고, 나머지 4명은 비운동권이었다. 그래서 비운동권 4명의 후보는 선거에서 이기기 위한 표의 결집이 필요하다고 판단하여 소위 후보단일화를 하기로 하였다. 그 과정에서 나는 단일후보의 러닝메이트인 부학생장으로 출마했다. 보름 동안 이어진 선거운동을 통해 나는 당락을 떠나 많은 것을 배웠다. 유권자인 학생들의 마음이 무엇인지 읽어내고 그걸 위해 무엇을 해야 하는지를 고민하고 하는 과정 속에서 정말 많이 성숙한 것 같았다. 그런데 결과는 150표 차로 아쉽게 졌다.

그런데 이 '150표'는 여러 가지로 생각하게 하는 숫자였다. 우선 우리 진영은 이 '150'이라는 차이를 인정하기가 어려웠다. 그래서 개표 과정에서 숱하게 이의를 제기하여 개표에만 무려 사흘이 걸렸다. 그리고 정말 인정하기 싫을 만큼 아쉬운 표차였다. 어떤 국회의원 선거에서 단 단위 숫자로 승패가 엇갈린 경우를 들었던 적이 있는데, 정말 그 심정을 이해할 수 있을 것 같았다. 그러나 현실은 150표가 부족했다. 그렇다면 진 것이 분명하다. 그래서 선거나 개표과정에서 논쟁은 치열하게 했지만 더 이상의 이의가 없다는 것이 확인된 후에는 깨끗하게 승복했다.

이렇게 열심히 학과 외 공부(?)로 바쁘게 대학을 다니던 나는 그래서는 안 되겠다 싶어 성적에도 신경을 쓰기 시작했다. 그러다 4학년 2학기 때인 2002년 11월에 빠른 결혼을 하고, 그리고 이듬해 대학을 졸업했다. 이제는 혼자 몸이 아니라는 사실이 나를 옥죄기 시작했다. 가장으로서의 책임이 참으로 무겁게 다가왔다. 그때 마침 우리 집이자 가게 자리에 팔달주차타워가 들어오게 되어 부득이 못골시장에서 가까운 곳으로 이사해야 했다. 2003년 2월쯤이었다.

이사하기 전에도 어머니 식당에서 서빙이나 카운터 일을 보곤 했던 나는 이사한 가게에서도 어머니 일을 도우면서 식당 비수기(보신탕은 겨울에 비수기) 때에는 이곳저곳에서 아르바이트를 하기도 했다. 그러다 못골시장이 재정비되었고, 재정비 후 애초 장사하던 사람들에게 가게를 우선 임대한다는 조건에 따라 우리 집도 못골시장에서 가게를 할 수 있게 되었다. 그런데 딱히 가게를 맡아 운영할 사람이 없었다. 어머니는 이미 다른 곳에서 식당을 하고 있었고, 평생을 농구심판으로 지내오신 아버지도 사정은 마찬가지였다. 시집 간

여동생이 있었지만 역시 여의치 않았다. 그렇다면 나 말고는 대안이 없었다. 싫든 좋든 자연스럽게 내가 그 가게를 맡는 걸로 결론이 났다. 이렇게 아무 준비도 없이 나는 2005년 2월 못골시장에 덜컹 명함을 디밀었다.

그런데 막상 시장에서 장사하기로 했지만 이번에는 취급 품목을 무엇으로 해야 할지가 고민됐다. 그때 아파트 단지를 돌아다니는 알뜰시장에서 야채장사를 하는 자동차동호회 선배를 만났다. 약간의 호기심이 발동한 나는 그 선배를 하루 동안 동행하며 장사하는 모습을 보았다. 새벽에 가락동시장에서 물건을 떼는 것부터 시작해서 아파트에서 장사하고 마무리하는 것까지 구경했다. 힘들겠다는 생각이 들긴 했지만 해낼 수 있다는 자신감을 얻었고, 무엇보다 나보다도 더 어린 청년들이 정말 활기차게 장사하는 모습에서 용기를 얻었다. 시장에서 장사하는 사람이라면 으레 나이 지긋한 장사꾼을 연상하기 십상인지라 가뜩이나 젊은 내가 과연 잘 버텨낼 수 있을까 하고 조금은 겁먹고 있었다.

내가 야채가게를 하게 된 또 하나의 이유는, 팔다 남은 야채는 어머니 식당에서 소화할 수 있겠다는 믿는 구석이 있었기 때문이었다. 야채는 생물이라 그날그날 다 팔지 못하면 몽땅 밑진다. 그래서 신경이 몹시 쓰이는 품목이다. 그렇지만 재고를 책임질(?) 어머니 식당이 있지 않은가.

2005년 2월28일, 드디어 못골시장에 '아들네야채가게'가 문을 열었다. 농구심판을 그만두신 아버지께서도 합류하셨다. 엄밀히 말하면 내가 아버지 가게의 종업원 격이었는데, 어찌하다 보니 내 가게에 아버지가 도우러 오신 격이 됐다.

그런데 당시 못골시장에는 이미 야채가게가 7군데나 있었다. 일주일에 하나씩 생겨났다 없어지는 게 야채가게라고 할 만큼 야채가게는 특별한 노하우가 없어도 누구나 쉽게 시작할 수 있다고 생각하기 때문으로 보인다. 하지만 그 말을 결과론적으로 뒤집으면 그만큼 망하기도 쉽다는 것을 의미했다.

야채가게가 망하기 쉽다는 사실을 알기까지는 많은 시간이 필요하지 않았다. 누가 야채가게를 아무나 할 수 있다고 했는지 달려가서 따지고 싶을 만큼 나는 시작부터가 난관이었다. 도매상에서 큰 묶음으로 사온 야채를 작은 묶음으로 나눠서 팔아야 하는데, 묶음의 크기를 어느 정도로 해야 하고, 또 가격은 어떻게 책정해야 하는지 도무지 갈팡질팡이었다. 그러니 어떤 야채는 다른 가게보다 비싸게, 어떤 야채는 싸게 파는 일이 다반사였다. 그러고도 장사가 된다고 생각했던 내 자신이 부끄러웠다.

더욱이 재고 처리 문제도 마찬가지였다. 어머니 식당에서 처리하겠다는 믿는 구석도 믿는 구석이 아니었던 것이다. 아주 순진한 발상에 다름 아니었다는 사실은 장사 시작 이틀 만에 결론이 났다. 어머니 식당이 아무리 잘된다고 한들 야채가게에서 취급하는 모든 야채를 필요로 하는 것도 아니고, 또 그 많은 양을 감당해낼 수 있는 것도 아니었다.

나는 이렇게 준비 안 된 장사꾼이 되어 혹독한 수업료를 치르고

있었다. 밑천만 계속 까먹고 있는 상황에서 이러지도 못하고 저러지
도 못하는 진퇴양난의 신세였다. 시장의 아들이란 사실만 믿고 기본
도 모르고 덤벼들었던 오만함에 다친 큰 코를 계속 만지작거리기만
할 수는 없었다. 이제부터라도 야채 장사의 기본부터 배우면서 철저
하게 연구하고 공부해야겠다고 맘먹었다. 아버지와 역할을 나눠 시
장조사부터 했다. 아버지께서는 아침에 시장 전체를 한번 돌아다니
면서 다른 야채가게들의 가격동향부터 살폈다. 나는 가게에서 각종
야채가 팔려나가는 흐름을 체크하여 시장 안에서의 야채 수급현황
을 파악했다. 이렇게 하나둘 배우며 연구한 것들을 장사에 적용했
다. 처음보다는 조금 나아지는 듯했다. 재고량도 조금 줄고, 가격도
어느 정도 시장의 흐름과 나란히 하고 있었다.

그런데 이때 구세주가 나타난다. 내가 굳이 구세주라고까지 얘기
하는 건 경쟁가게의 사장님께서 자신의 노하우를 전수해주었기 때
문이다. 그건 말이 쉽지 가능한 얘기가 아니다. 그런데 지금도 못골
시장에서 장사를 하시는 '지동야채' 이효정 사장님이셨다. 지동야채
사장님은 야채가게 운영에서 가장 중요한 진열이나 손질법, 그리고
오래 보관하는 법 등을 가르쳐주셨다. 나는 지금도 지동야채 사장님
의 노하우 전수가 그 이상의 감동으로 남아있다. 지동야채 사장님
은 편찮으신 사모님이 한번은 행사에 참여했다가 추워하는 걸 보고
어머님이 가게에서 점퍼를 가져다 입으라고 하신 것에 감동하여 딱
한 내게 그 노하우를 가르쳐주셨다는 얘기를 나중에 다른 분을 통해
서 들었다. 정말 고마웠다. 솔직히 어머님이 점퍼를 건넨 것과 자신

의 장사 노하우를 가르쳐주는 것과는 차원이 다른 것이지만 나는 어머니가 이웃을 생각하는 것이나 지동야채 사장님이 이웃을 생각하시는 그 숭고한 마음이 만들어낸 아름다운 이야기가 아닌가 싶어 늘 내 삶의 지표로 간직하고 있다.

자, 이제 적당한 실패와 수십 년 경험의 노하우까지 겸비하니 아들네야채가게는 양 날개를 단 셈이었다. 나는 것은 시간문제. 평소에 아버지와 둘이서 꾸리던 가게가 명절 대목 때엔 매대를 3개씩 늘려 6명이 장사를 해도 손이 부족할 지경이었다.

그러면서 나는 장사는 유연성과 타이밍이 중요하다는 걸 알았다. 가령, 야채의 경우 오늘 못 팔아 망가질 물건이라면 무조건 오늘 떨이를 해야 한다. 그럴 때 몇 시부터 할인판매에 들어갈 것인지 이런 걸 결정하여 승부를 거는 게 승패를 좌우했다. 어느덧 1년 만에 까먹었던 손실을 만회하고, 우리 아들네야채가게 바로 앞 분식집이 가게를 내놓자 그것까지 얻어 사업을 확장(?)할 수 있었다.

이 분식집도 나는 시장분식집 개념을 뛰어넘고 싶었다. 우중충한 홀에 청결과는 거리가 먼 투박함이 묻어나는 시장 분식집. 사람들은 그게 시장의 맛이 아니냐고 할지 모르겠다. 물론 그 말에도 일리가 있다. 하지만 나는 발상을 바꿔보고 싶었다. 젊은이다운 발상. 남들이 다 우중충할 거라는 예상을 빗나가게 하는 발상. 그래서 나는 대학가에서나 볼 수 있을 법한 인테리어를 했다. 그리고 상인들 누구나 힘들 때 잠깐 낮잠이라도 잘 수 있도록 작은 뒷방도 꾸며 말 그대로 '쉼터분식'을 열었다. 나의 생각은 적중했다. 잘 됐다. 하지만 야채가게와 분식점을 동시에 운영하기에는 벅찼다. 시쳇말로 야채가게 '3년의 벽'을 넘지 못했다. 너무 힘들었다. 그래서 나는 아버지와 상의하여 '아들네야채가게'는 접고 분식점에만 매달리기로 했다.

그런데 못골시장 안에 있는 식당들은 대체로 장사가 잘 안 되는 편이었다. 저녁시간이 일찍 끊겨서 손님들이 한결같이 오지는 않았다. 그래서 나는 다시 한번 업종변경을 생각한다. 사람들이 오며가며 사갈 수 있되 먹고 싶은 사람은 식당 안으로 들어와서 먹게 하는 식당, 그렇다면 아이템은 이미 정해진 셈이다. 시장에 가면 누구나 먹게 되는 국민간식, 만두와 찐빵이었다.

처음에는 직접 만들기보다는 이웃한 미나리광시장에서 떼어다 팔았다. 그런대로 팔렸다. 맛만 좋으면 누구나 부담 없이 먹을 수 있는 것이기에. 하지만 누구나 먹는 음식이기 때문에 사람들이 맛에 대해 갖는 평점은 매우 높다는 점이 늘 마음에 부담처럼 짓누르고 있었다. 그렇다. 국민간식은 하려면 제대로 맛을 내고, 그렇지 않으면 고만고만 장사할 수밖에 없다는 걸 깨달았다. 역시 준비 안 된 분식집 사장인 나는 이렇게 시행착오를 겪으며 점점 더 장사꾼의 모습을 갖추고 있다.

그래 이왕 장사하는 거 제대로 하는 거라는 생각에서 나의 무모함은 겁도 없이 덜컥 반죽기부터 들여놓게 만들었다. 하지만 의욕이 앞선 무모함은 빨리 부풀 거라는 막연한 생각에서 이스트를 뜨거운 물에 풀어서 사용할 정도로 과감(?)했다. 물이 뜨거우면 효모가 다 죽는다는 사실까지는 몰랐던 것이다. 효모가 미지근한 물에서 잘 발

쉼터분식에서 고객들과 이야기를 나누며 장사하는 필자.

효가 된다는 사실을 확대해석하여 미지근한 물보다는 뜨거운 물에서 더 잘 발효될 걸로 생각했던 것이다.

꽈배기 꼬는 것도 그랬다. 아무리 해봐도 잘 안됐다. 인터넷에 나도는 달인들의 동영상은 물론 시장에서 잘 꼬기로 소문난 분들의 작업 장면을 핸드폰 동영상으로 찍어서 따라서 연습해봤다. 그래도 안될 때는 다른 시장의 꽈배기 가게로 달려가 열심히 구경했다. 머릿속으로 그려보면서. 양손으로 멋지게 꽈배기를 꼬기까지는 꼬박 일주일의 노력이 필요했다. 도넛은 못골시장에 있는 '빵심이네'에서 전수받았다. 찐빵은 처음에는 일반적인 레시피로 반죽했다. 하지만 찐빵은 특히 추억의 먹거리라는 점에서 옛날 맛이 나도록 해야 한다

아들네만두가게를 취재하는 취재진과 인터뷰하는 필자의 아버지.

고 생각했다. 매번 레시피를 바꿔가며 실험했다. 한 달은 족히 걸린 것 같다. 매일 밤 반복되는 작업을 통해 지금의 찐빵 맛도 만들어냈다. 만두도 속이 중요하다는 생각에서 어머니가 해주는 만두 맛을 내기 위해 만두속 레시피를 수없이 바꿔가며 실험했다. 하지만 솔직히 거기까지는 아직 도달하지 못해 만두속은 다른 곳에서 받아서 만든다.

물론 내가 하는 이런 정도의 실험은 전국의 내로라하는 장인들에 비하면 새 발의 피일지도 모른다. 하지만 나름 젊은 장사꾼으로서 정말 해보겠다는 의지를 불태우는 노력은 나도 그들 못지않았다고 자부하고 싶다.

이런 노력이 들어가기 시작하니까 장사도 하루하루 달라지기 시작했다. 역시 무슨 일이든 노력 앞에서는 장사가 없다는 사실을 깨달았다. 잘 됐다. 옛날 맛이 난다느니, 맛있다느니, 하는 손님들의 품평을 들을 때마다 힘이 샘솟았다. 장사가 재미있었다. 이렇게 나는 어느덧 못골시장의 청년장사꾼으로 자리 잡고 있었다.

그러는 가운데 나이가 어린 청년이 언제까지 버티나 하던 시장 사람들의 관심사는 제법 장사 좀 하는 데로 나아가며 주목의 대상이 되었다. 이때 상인들은 내가 잠깐 장사하다 그만둘 사람이 아니라 끝까지 여기서 승부를 볼 사람이라고 생각하는 것 같았다. 시장의 활성화를 위해 나같은 젊은 피가 필요하다며 상인회에서 차출한 것을 보면 말이다. 처음에는 재무담당으로, 나중에는 총무로 활동했다. 그러면서 못골시장의 활성화를 위해 문전성시 프로젝트를 비롯해 많은 사업들을 기획하고 실행하는 현장에 있었다. 그 경험은 지금 나를 '아들네만두가게'에서 만두속인 아들만 쏙 빠져나와 다른 길을 걷게 하고 있다. 시장문화기획자로. 하지만 나는 역할만 바뀌었을 뿐 여전히 전통시장에서 하루를 시작하고 전통시장에서 하루를 마감한다.

나는 못골시장 총무랍니다

준비 안 된 청년장사꾼인 나는 어찌 보면 운이 좋았다. 무모하게 도전했다가 혹독한 대가를 치르고 구세주의 도움으로 가까스로 위기를 극복하였던 것도 그렇고, 청년장사꾼이 상인회에 픽업(?) 된 것도 그렇고, 문전성시 프로그램을 만난 것도 그렇고, 지금의 시장 문화기획자가 된 것도 그렇다.

이런 일련의 일 중 못골시장에서 장사에 입문한 것부터 시쳇말로 운명의 장난(?)이었을지 모르지만 지금의 나로 거듭나는 출발은 아무래도 상인회 재무를 맡았던 것이 계기가 되었다.

애초 못골시장은 말 그대로 시장일 뿐 정식이름도 없고, 또 관에서 인정해주는 시장도 아니었다. 팔달문시장 끄트머리 주택가 골목길에서 자연발생적으로 하나둘 점포가 생겨나면서 형성된 시장이었다. 여러 점포가 한데 어우러져 장사를 하니까 사람들은 일반적인 시각으로 '시장'이라 불렀고, 상인들 역시 어떤 소속감이나 연대감이 있는 것이 아니라 고객들이 그렇게 불러주니 자신을 시장 상인으로 생각했을 뿐이다. 아, 일부에서는 화성역시장이라고 했던 것 같다. 지금은 없어졌지만 가까이에 화성역이 있었기 때문이다.

그런 시장에 변화가 일기 시작한 것은 아마 2003년부터였던 것 같다. 상인회가 조직되어 있는 이웃시장들이 상인회 이름으로 행사도 하고 단합대회도 하고 야유회도 가고 하는 걸 몹시 부러워하던 못골시장 사람들도 자연스럽게 상인회의 필요성을 공감하기 시작했던 것이다.

더욱이 못골시장은 여느 시장과는 달리 상인들의 나이가 젊어서 새로운 일을 역동적으로 추진하기에 여건이 좋았다. 정확한 통계는 아니지만 다른 시장의 상인들 평균연령이 50대라면, 못골시장은 40대였다. 적어도 열 살 정도는 젊었었다.

이때 지금은 수원시 시의원으로 활동하고 있는 김상욱 의원이 40대의 젊은 패기로 상인회 결성에 주도적인 역할을 함과 동시에 상인회 총무를 맡았다. 당시 연세가 좀 드신 회장님이 계시긴 했지만 실질적인 역할은 총무가 다 맡아서 했었다.

알다시피 상인회 총무라는 자리는 욕먹기 딱 좋은 자리다. 시장에서의 일이라는 게 다 이해당사자가 있게 마련이고, 어떻게 하느냐에 따라 상인들의 이해관계에 득이 되거나 해가 되기 십상이다. 그래서 잘해야 본전도 못 찾는 자리이다. 더욱이 그렇다고 급여가 나오는 자리도 아니다. 순전히 자원봉사, 활동에 들어가는 비용은 내 주머니를 털어서 자신을 희생해야 하는 자리다.

상욱 형(나는 사석에서 그를 형이라 부른다)은 정말 헌신적으로 상인회를 결성하는 데 견인차 역할을 했다. 그런데 첫 회장님이 1년 만에 개인사정으로 그만두게 되었는데, 그러자 하는 수 없이 상인회 회원들은 나이를 벼슬 삼아 명예로 회장 자리에 앉는 것보다는 이제 걸음마 단계의 상인회를 정말 제대로 된 상인회로 성장, 발전시켜야 하는 중차대한 임무를 실질적으로 이끌어나갈 수 있는 일하는 회장이 필요하다는 데 이견이 없었다. 그렇다면 다음 회장은 말할 것도 없이 당시 총무였던 김상욱 씨의 몫이었다.

이렇게 2대 회장에 취임한 김상욱 회장은 지금의 못골시장 상인회 회장인 이충환 씨를 총무로 임명하고는 내게도 재무담당이라는 감투를 씌웠다. 그동안 나는 상인회 회원이었지만 상인회에 일이 있으면 젊다는 이유로 수시로 차출되던 상황이었다. 하기야 그때 내가 한창 나이인 20대 후반이었으니까, 시장에서는 희귀한 존재였다. 그런데다 대학 시절 동아리 활동을 통해 다져진 사교성이 끼를 발휘하면서 자연스레 젊은 회장과 총무와 접촉이 많아졌고, 술자리도 잦았다. 이런 관계가 나를 상인회 재무로 끌어들이는 데 한몫했으리라 짐작한다.

그런데 내가 상인회 재무를 맡자 이번에는 집에서 난리가 났다. 특히 아버님의 반대가 심하셨다. 장사는 누가 할 것이며, 쓸데없는 일에 쫓아다니다 괜한 구설수라도 오르면 어쩌려고 그러느냐는 것이었다. 반대는 생각했던 것보다 심했다. 장사꾼이 장사할 생각은

하지 않고 시장정치꾼이 되려고 그러느냐는 것이었다. 사실 틀린 말이 아니다. 내가 생각해봐도 장사꾼이 장사를 하는 것이 제 본문인데, 상인회 일을 한다? 물론 서서히 장사에서 손을 떼려고 준비하는 어르신들 경우라면 상인회 집행부 명함을 갖는 것이 일반적이었다. 장사에서 그다지 역할이 크지 않기도 하거니와 대내외적인 활동으로 자신의 존재감을 드러낼 수 있기 때문이다. 그런데 나 같은 젊은이는 가게에서 모든 일을 총괄할 뿐만 아니라 직접 장사를 맡아야 하기 때문에 상인회 일로 자리를 비우면 누군가가 채워야 한다. 물론 애초에는 장사가 끝나거나 한가한 시간에 주로 활동할 것 같았지만 막상 맡고 보면 시도때도 없이 상인회 일에 매달려야 한다. 더욱이 개인적인 일이야 안 해서 오는 손해를 내가 감수하면 그만이지만 상인회 일은 그렇지가 않다. 내가 게으름을 피우면 예상하지 못한 결과가 초래되고 자칫 공동의 피해로 돌아오기 십상이다. 그래서 시간과 돈과 에너지를 빼앗기는 일이지만 가게일보다 우선하기 일쑤다. 여하튼 이런저런 걸 생각하면 내가 상인회 재무를 맡은 건 무리였고, 아버지를 비롯한 가족들의 반대는 당연한 것이었다. 그럼에도 나는 재무가 되었다.

한편 우리 시장은 2005년 3월에야 제 이름을 갖는다. 시장 재정비를 위해서는 무엇보다 정식 전통시장으로 인정받아야만 했다. 당시 정부에서는 전통시장에 대해 시설 보수 등 각종 지원사업을 펼치고 있었는데, 인정받지 못하는 골목시장에 누가 지원하겠는가. 또 우리의 삶의 터전이 언제까지 이름 없는 그냥 시장으로 있는 둥 마는 둥

청년장사꾼인 필자는 장사보다 상인회 일에 더 열심이었다.

해야 하는가.

마침 2004년 총선에서 재래시장활성화 특별법 제정이 이슈가 되었고, 그해 하반기에 관련 법이 통과되는 등 우리 시장의 현안 해결을 위한 길이 열렸다. 해당 지방자치단체장이 전통시장이라고 인정하면 그 시장은 '인정시장'으로 등록이 가능했던 것. 이때 우리 시장은 전통시장으로 인정받았었다. 아울러 이름도 갖게 되었다. 이곳이 지동(池洞)이어서 한자어 '못 지(池)' 자와 '고을 동(洞)' 자에서 훈을 따와 '못골시장'이라 이름 지었다고 한다. 이제 골목시장, 화성역시장이 아니라 못골시장이다. '못골'이라는 이름에 대해 일부 반대하는 상인들이 없었던 것은 아니지만 300여 년 전의 정조가 세운 어용

시장의 막내로서 분명한 자기정체성을 찾았다. 그리고 시청에 등록하여 호적도 만들었다.

정식 시장이 되면서 못골시장은 이제부터 본격적인 변화가 시작되었다. 우선 상인교육부터 했다. 시장이 바뀌려면 고객들의 마음을 사로잡기에 앞서 상인들이 변화되어야 한다는 것이 상인회 지도부의 판단이기도 하거니와 외부 컨설팅 팀들의 하나같은 주문이었다.

그러면서 시장에 필요한 사항들을 수원시에 지원을 요청하는 작업도 병행해나갔다. 이때 김 회장은 나와 총무를 시장의 일꾼으로 키우기 위해 트레이닝을 많이 시켰다. 이런 얘기를 해도 되는지 모르지만, 장사하느라 피곤한 데도 회장은 저녁만 되면 나와 총무를 상인회 사무실에 불러 갖가지 제안서 등 서류작업을 시켰다. 그런데 총무와 내가 열심히 작업할 때에 회장은 텔레비전만 보고 있을 뿐 아이디어 하나 거들어주지 않았다. 야속했다. 내가 이 일 한다고 해서 밥이 나오나 돈이 나오나, 몸만 피곤할 뿐, 그냥 장사나 해서 내 배만 부르면 그만 아닌가 하는 생각도 수십 번 했다. 안했다면 거짓말이다. 그런데 서류 작성이 끝나면 김 회장은 하나하나 짚어가며 수정시키고 새로운 아이디어를 내놓기도 했다. 그럴 때면 난 솔직히 작업할 때 얘기해주면 두 번 작업을 하지 않아도 되지 않느냐고 대들기(?)도 했었다. 그러나 나중에 김 회장의 속 깊은 의도를 알고는 역시 회장은 다르다고 생각했었다. 지금 내가 '(주)시장과사람들'을 운영하며 직장생활 경험이 전혀 없으면서도 다양한 기획서나 제안서는 물론 각종 서류작업을 척척 할 수 있는 것은 그때 집중 훈련을 받은 결과라 해도 틀린 말이 아니다.

당시 상인회의 또 다른 난제는 아케이드 공사였다. 못골시장은 골목길을 사이에 두고 87여개 점포들이 늘어서 있는 시장이다. 가운데 골목길은 일반 도로이다. 상가와는 어찌 보면 무관할 수도 있는 공간이다. 그럼에도 그 길은 바로 점포들과 고객이 만나는 지점이어서 매우 중요한 공간이다. 더군다나 당시 하수관로가 엉망이어서 냄새가 나고 지저분하는 등 시장에는 매우 부정적인 역할을 했다. 그리고 비만 오면 질퍽거려서 도무지 장사를 할 수 없는 지경이었다.

상인회는 우선 하수관 정비공사부터 추진했다. 도로가 잘 정비되어야 고객들이 맘 편하게 지나다니면서 물건도 사고 구경도 할 것 아닌가 싶어서다. 그런데 이 공사가 하루 이틀에 끝나는 것이 아니었다. 공기가 무려 50일. 상인들의 반발이 심했다. 50일간 장사를 하지 말라는 말에 누가 쉽게 동의하겠는가. 이때 회장을 비롯한 상인회 집행부는 회원들을 설득하느라 진땀 꽤나 흘렸다. 회장은 자주 만나는 것보다 더 좋은 것은 없다며 시간만 나면 반대자들을 만났고, 또 기회가 되면 술을 함께 마시며 설득했다. 김 회장은 그때 아침 점심 저녁에 술을 마셨던 걸로 기억한다. 덩달아 재무와 총무도 술을 많이 마셨던 것 같다. 이 설득과정을 통해 나는 김 회장으로부터 리더십이 무엇인지 알 수 있었고, 또 사업이 가능하게 하는 힘이 어디서 나오는지를 배웠다. 이 사업은 특히 김 회장 특유의 뚝심으로 밤낮 공사를 하여 18일 만에 끝냈다. 전후후무한 일이 아닐까 싶다.

이후 못골시장은 아케이드 공사를 하는 등 점점 좋은 방향으로 진

못골시장 큰장날 행사에서 사회를 보는 필자.

화를 거듭하였다. 그러다 정말 행운을 가져다주는 사업을 만난다.

그날 나는 가게에서 열심히 장사를 하고 있는데, 일련의 사람들이 떼를 지어 시장 이곳저곳을 돌아보며 사진을 찍고 뭔가 이야기를 나누는 장면이 눈에 들어왔다. 뭔가 이상하다는 직감이 들었다. 나는 곧바로 회장에게 전화를 걸었다. 김 회장 역시 내 전화를 받고는 곧바로 현장으로 달려왔다. 그들은 문화관광부에서 야심차게 추진하던 전통시장 활성화 사업인 '문전성시' 컨설팅팀이었다. 나와 회장은 그들을 상인회 사무실로 안내해 우리 상인회의 현황과 시장상황에 대해 심도 있는 브리핑을 했다. 회장이 말 잘하는 줄은 알았지만 그렇게 조리 있고 논리적으로 잘하는지는 그때 처음 알았다.

그 결과 우리 시장이 강원도 강릉의 주문진시장과 함께 첫 사업 대상 시장으로 선정되었다. 이렇게 못골시장은 발전을 거듭하고 있는 가운데, 김 회장이 지방의회 의원 선거 출마를 권유받고 심각하게 고민하다 회장직을 사임했다. 후임 회장은 누구랄 것도 없이 자연스럽게 사업의 계속성과 젊은 패기와 추진력을 감안해 당시 총무였던 이충환 씨가 맡았고, 내가 총무가 되었다. 이렇게 나는 내가 아주 자랑스럽게 생각하는 '못골시장 총무'가 된다.

오뚝이처럼 다시 일어서다

2011년 6월 10일 아침, 나는 여느 날처럼 가게로 출근했다. 8시 반 무렵이었다. 전날 회식이 있어 술을 한 잔 하기는 했었지만 생맥주 500cc 한 잔과 소주 한 잔 정도 마셨기에 전혀 숙취 없이 말끔한 기분으로 출근한 것이다. 나는 만주를 빚기 시작했다. 그런데 갑자기 가게가 후끈 덥다는 생각이 들었다. 만두를 두서너 개째 빚는 중이었는데, 몸의 기운이 빠지는 듯하더니 무릎이 꺾이면서 풀썩 꺼지는 느낌이 들었다. 나는 얼른 손으로 탁자를 짚었다. 느낌이 안 좋았다. 어머니가 혈압으로 고생하시는 터라 곧바로 한의원으로 향했다. 그러나 한의원으로 가는 길이 천길이었다. 길에서 마주친 상인들은 내게 일찍 어디 가느냐고 물었다. 대답할 기력도 없었다. 오직 한의원에 빨리 가야한다는 생각만 내 머릿속을 지배하고 있었다. 시장 입구쯤에서 또 휘청했다. 나는 손이 닿는대로 그곳에 있던 슬

러시 기계를 잡고 버티면서 숨을 헉헉거렸다. 때마침 지나가던 못골
시장의 경진김 사장님이 나를 부축해 한의원에 데려다주셨다.

혈압을 재니 230. 한의사조차 놀랐다. 곧바로 앰브런스를 불러 가
까운 곳에 있는 종합병원으로 갔다. 그러나 갖가지 검사에도 불구하
고 뚜렷한 병명이 나타나지 않았다. 하는 수 없이 다시 좀 더 큰 종합
병원으로 갔다. 이번에는 결과가 나왔다. 뇌경색이었다. 나중에 들
어본 바에 의하면 뇌경색의 경우 발병 3시간이 지나야 진단이 가능
하다고 했다. 첫 종합병원에서 병명을 알 수 없었던 이유가 바로 그
래서였던 것이다. 소뇌의 혈관이 막혔다고 했다. 응급으로 막힌 혈
관을 뚫었다. 그리고 한 달을 병원에 입원해 있었다.

그때 나는 정말 말 그대로 격무에 시달리고 있었다. 그 많은 일
을 어떻게 감당했는지 내 자신이 의아할 정도였다. 발병이 되지 않
은 게 오히려 이상할 만큼 쉼 없이 일에만 매달리고 있었던 것이다.
2010년 9월 문전성시 2차 사업이 끝난 후 홀로서기 프로젝트가 진행
되고 있었는데, 거의 모든 일을 도맡다시피 했다. 더욱이 이때가 사
업 3년차라 3년차 피로도가 임계점에 도달했기도 하였거니와 그동
안 함께 일하던 멘토들도 없었고, 더욱이 사업비 등 회계 및 보고 처
리까지 해야 했었다. 몸이 열 개라도 모자란다는 말이 빈말이 아님
을 실감하면서 하루하루를 견뎌냈었다.

그런데다가 각 커뮤니티들 역시 3년차 피로도를 겪으면서 점점
무기력해지고 있었다. 그러나 여기서 중단하면 지금까지 쌓았던 공
든탑이 무너지는 것은 뻔하다. 그뿐이 아니다. 다시 일으켜 세우기

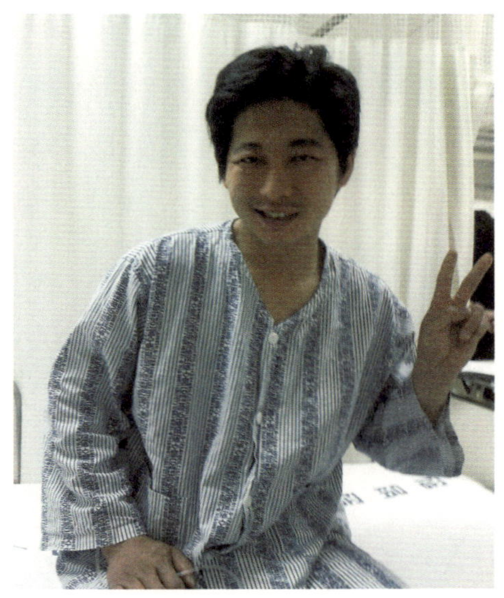

과로로 한 달간 병원에 입원까지 한 필자.

란 불가능하다는 경험법칙을 생각하면 한시도 앉아서 무기력을 탓할 일이 아니었다. 그래서 나는 포기자가 속출하는 각 커뮤니티의 서포터를 자임했다. 특히 줌마불평합창단이 가장 심하게 홍역을 앓고 있었다. 단원이 애초 15명이던 것이 10명까지 줄었다가 지금은 한 명이 늘어 11명이 되었지만 3분의 1이란 숫자가 빠져나갈 정도였으니까 마음고생 몸고생이 얼마나 컸는지 짐작이 갈 것이다.

거의 모든 단원들이 힘들다고 호소하고 있었다. 연습에 빠진 상인을 찾아가 나도 힘들지만 버틴다면서 조금만 더 이를 악물어보자고 설득했다. 그래서 다시 연습에 나온 단원도 여럿이었다.

여기에다 당시 문화부의 지원을 받으면서 상인회 소속으로 일하는 큐레이터마저 너무 힘들다며 그만두겠다고 하던 때였다.

정말 일이 설상가상으로 안 좋은 쪽으로만 겹치고 덮치고 있었다. 진퇴양난. 어찌할 바를 몰라 허둥대던 그 상황에서 폭발한 것이다.

병원에 입원해 있는 동안 합창단을 비롯하여 우리 못골시장 상인들 모두의 병문안 발길이 끊이지 않았는데, 이때 나는 예전과는 다른 느낌을 받았다. 가슴 속에서 뭔가 강한 동지애 같은 것이 차오르면서 뭉클해졌다. 상인들은 병상에 누워있는 나를 보면서 중도포기라는 단어를 지워버리고 다시 시작해야 한다고 의지를 다졌다. 그렇다. 발병이 내 개인에게는 불행일지 모르지만 우리 못골시장에는 매우 긍정적인 영향을 미쳤다. 그만두겠다던 큐레이터의 입에서 더 이상 그만두겠다는 말이 나오지 않았고, 합창단 단원들의 이탈이 멈춤과 동시에 오히려 결속력은 더 강해졌다.

한 달 쯤 입원해 있는 동안 나는 사실 걱정이 태산이었다. 당시 벌여놓은 사업만 5개였다.이 사업들을 모두 어떻게 해야 할까. 중단하면 예상을 뛰어넘는 손실을 초래할 게 불을 보듯 뻔했다. 예산집행에서부터 시장의 지속가능성까지 영향을 미칠 것이었다. 결론은 예정대로 하는 수밖에 없었다. 그래서 나는 다시 이를 악물었다. 두 시간을 서있지 못하는 몸이었지만 모든 행사를 그대로 진행했다. 그러자 상인들의 자발심이 발휘되기 시작했다. 문전성시 사업 당시에도 우리 상인들이 자발적으로 나서서 잘 도와주기는 했는데, 이때는 눈에 보일 때만이었다. 그런데 상황이 이렇게 되다보니 아예 도움을 필요로 하는 곳까지 찾아와서 도와주는 것으로 바뀌었다. 모든 게 좋은 방향으로 자극하는 것 같아 몸은 아팠지만 좋았다. 그리고 힘이 났다. 지금은 다 나아 괜찮아졌다. 늘 몰라 조심하며 정기적으로 병원에서 체크를 한다. 어른들이 늘 입버릇처럼 하시는 말씀, 젊다고 건강을 과신하지 말라는 말을 큰 수업료 내고 확인한 셈이다.

더군다나 내가 못골시장에서 빠져나와 자칭 상인 출신 시장문화기획자 1호답게 시장문화를 기획하는 전문회사인 '(주)시장과사람들'을 창업할 수 있었던 것도 이 일을 계기로 못골시장 사람들이 무슨 일이라도 자발적으로 충분히 해낼 수 있다는 것을 확인했기 때문이다. 건방진 생각이라고 핀잔을 줄지 모르지만 사실 내가 빠지면 시장일이 안 돌아갈 걸로 생각했었다. 시장일이라는 게 잘해야 본전이다. 그렇다고 대가가 주어지는 일도 아니다. 그래서 솔선수범하는 마음이 없다면 하기가 힘든 일이다. 하지만 못골시장은 가능하다.

상인들의 자발성이 전제된다면 무슨 기획이든 성공적으로 해낼 수 있고, 이런 것들이 결국 모여 문화시장으로서의 지속가능성을 만들어낸다.

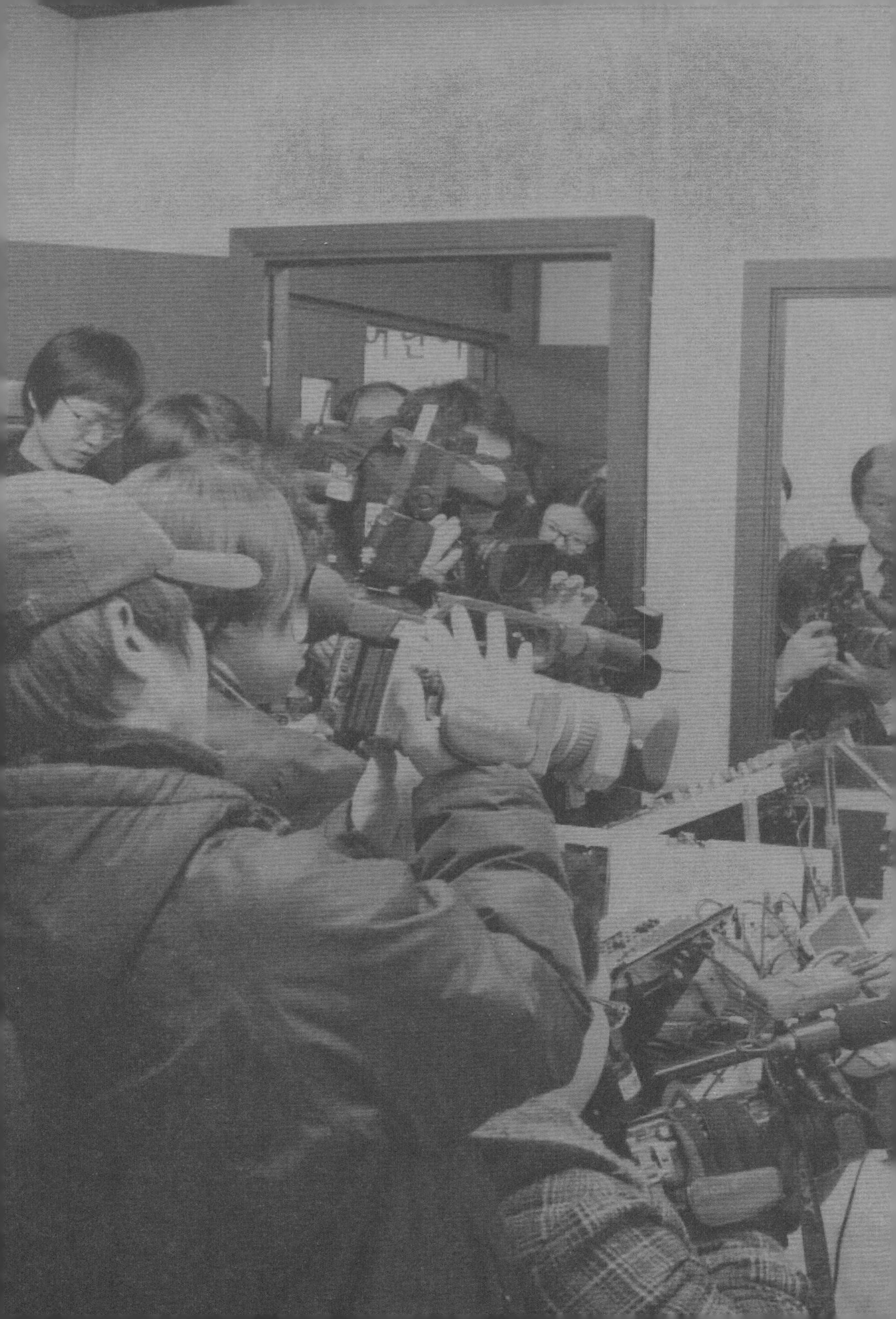

제2부
문전성시

문전성시와의 운명적인 만남

나는 가끔 '문전성시'('문화를 통한 전통시장 활성화 시범사업'의 준말, 이하 '문전성시') 프로그램이 없었다면 지금 어떤 모습을 하고 있을까에 대해 생각해본다. 아마도 못골시장의 '청년'장사꾼으로 하루하루 대충 만족하며 살고 있지 않을까 싶다.

여기서 내가 굳이 장사꾼 앞에 '청년'이란 말을 덧붙인 것은 내 나이가 젊어서만은 아니다. '청년'이란 말 속엔 다양한 의미가 함축돼 있기 때문이다. '청년'에게는 미래가 있다. 따라서 청년장사꾼이라 함은 자신의 인생을 전통시장에 건 사람이라고 할 수 있는데, 전통시장이 과연 그런 가치가 있는 공간인가 하는 점에 대해서는 회의적인 시각이 지배적인 것이 사실이다. 전통시장에 대한 일반적 인식은 그 운명이 점점 소멸돼가는 낡은 문화의 대명사라는 점을 부인할 수 없다. 이유는 차차 알게 되겠지만, 그럼에도 나는 전통시장에 내 인생을 건다는 의미에서 청년장사꾼으로 불리고 싶었다.

그러면서 나는 매사에 솔선수범하고 자발적으로 움직이는 역동적인 에너지를 바탕으로 21세기 전통시장의 장사꾼 전범으로 진화하고 싶은 욕구가 있어서 더욱 '청년장사꾼'이라는 호칭에 집착했던 것 같다. 설령 그런 목표를 이루지는 못할지라도 꿈만큼은 그렇게 꾸고 싶었고, 또 뜻을 두면 이루어진다는 말을 믿고 싶었다. 나는 아주 강하게 청년장사꾼이 되고 싶다는 열망을 갖고 그렇게 되기 위해 노력한다면 그 꿈이 이루어질 수 있다는 확신이 있었다. 하지만 나는 시장에 들어와 야채가게를 운영하는 장사꾼이 되기까지 준비 안 된 상황에서, 또 가게를 맡을 사람이 없어서 약간은 등 떠밀림에서, 그리고 가장이라는 버거운 현실을 타개할 현실적 수단에서, 자의반 타의반으로 장사를 시작했던 점을 감안하면, 애초부터 나는 지금까지 전개해온 고상한 의미의 청년장사꾼상을 그리지는 못했었다.

시장 사람들은 내 외모를 보고는 시장에서 장사할 사람이 아니라고들 말한다. 더군다나 내 스스로도 시장에서 장사하는 꿈을 가져본 적이 거의 없기 때문에 사람들의 이런 평은 무리가 아니다. 그러나 사람은 외모로만 판단할 수 없다는 말이 백번 맞는 것 같다. 더군다나 나 자신도 놀랄 정도로 장사가 내 적성에 맞다는 사실을 실제 장사를 하면서 알게 되었다.

이런 내 적성을 발견하면서 그 적성을 꿈으로 키우며 평생을 걸겠다는 나의 욕망에 날개를 달아준 것이 바로 '문전성시'였다.

문전성시는 침체기를 맞아 깊은 시련기에 빠진 재래시장－당시에

문전성시는 전통시장 활성화에 전환기를 가져다주었다. 시장에서의 문화공연 장면.

는 대부분의 사람들이 전통시장이라고 하기보다는 재래시장이라고 불렀다-에 활력을 불어넣는다는 취지로 문화관광부가 2008년부터 추진한 전통시장 활성화 사업이다.

1980년대 말까지만 해도 유통분야에서 전통시장이 차지하는 힘은 막강했다. 대형 마트가 들어오기 전에는 유통기관이라 하면 백화점이 있었을 뿐이다. 그런데 백화점은 그 역할이 전통시장과 겹치기보다는 거의 분명한 심리적 구분선이 있었다. 그래서 역할을 나누어 분담하면서 각자의 길을 걷고 있었다.

그러던 것이 1990년대에 들어서면서 전통시장은 시련을 맞게 된다. 마트 같은 대형유통회사는 물론이거니와 구멍가게로 불리던 슈퍼마켓도 점차 대형화 추세를 띠면서 유통분야에서 맡게 될 역할이 겹치기 시작했다. 처음에는 그럴 수 있겠거니 했지만 그 추세가 예상 밖의 힘으로 다가왔다.

기능이 겹친다는 것은 말 그대로 경쟁을 해야 한다는 것이고, 경쟁의 주요 무기는 가격과 품질이고, 가격과 품질 경쟁에서 이기려면 막대한 자금이 필요하다는 사실. 그럼 가장 피해를 보는 사람들이 누구인지는 자명하다. 돈 없고 힘없는 사람. 그들이 누구이겠는가. 그렇다. 일반화하기가 다소 무리가 있을지도 모르지만 대체로 동의할 것으로 보고 말하면, 재래시장 상인이 아니었을까 싶다.

그런데 이런 상황이 점점 심화되면서 인류의 역사와 함께 해왔다는 전통적 의미의 재래시장은 말 그대로 역사의 무대에서 사라질 위기에 처했다. 솔직하게 표현하면 망하기 시작한 것이다.

그러나 전통시장 문제는 경쟁력이 없으면 도태되어야 한다는 자본주의 논리에 충실하여 설명하기엔 문제가 간단치가 않다. 그냥 물건만 사고파는 현장이라고 하면 시장의 기능을 대체하는 유통기구들이 떠맡겠지만 그런 논리로만 접근하기엔 사회적 손실과 역할이 너무 크기 때문이다.

대략 전국의 재래시장에서 생계를 이어가는 상인 수가 30~40만 명은 족히 될 것으로 보인다. 이런 상황에서 재래시장이 망하든 말든 그냥 방치한다면 너무 무책임한 일이 아닐 수 없다. 더군다나 재래시장이 하루아침에 완전히 사라지느냐 하면 그것도 아니다. 시나브로 사위어 간다는 표현이 아마도 가장 적절하지 않을까 싶다.

그런데 문제는 과연 재래시장의 기능이 다 끝난 것인가 하는 점이다. 기능이 소멸됐다면 무슨 수를 써도 살아날 가망이 없겠지만 여전히 일부 기능을 갖고 있다면 문제가 달라진다. 그 남은 기능을 중심으로 또 다른 기능을 창출해내면 얼마든지 생명을 이어갈 수 있기 때문이다.

문화관광부에서 전통시장 활성화에 적극 나선 것이 표현은 다를지라도 아마도 내 생각에서 크게 벗어나지 않을 것이다. 한국문화관광연구원 우주희 연구원의 '전통시장의 현재와 사회문화적 가치'라는 논문에서 밝힌 현대사회에서의 전통시장의 가치를 잠시 인용해보자.

"전통시장은 재화의 교환이라는 상업적인 목적을 갖고 있는 장소이기는 하지만 사람과 사람을 연결하는 소통의 장소로서 문화가 형성되는 곳이기도 합니다. 놀이의 공간이자 정보교환의 장소로서, 또 때로는 상인과 주민들 간에 애환을 나누는 곳으로서의 전통적인 소통의 역할을 하는 공간입니다."

그렇다. 이 글에서 보듯 전통시장의 역할을 감안하면 전통시장은 여전히 우리 곁에서 함께 기능해야 할 공간임에는 틀림없다. 그러나 전통시장 혼자서는 살아내기가 너무 버겁다. 그렇다면? 누군가가 도와주어야 한다. 그게 누구냐. 정부다. 그런 점에서 문화관광부가 적극 나선 것은 정말로 잘한 일이라고 생각한다.

나는 특히 문전성시 프로젝트는 고기가 필요한 사람에게 고기를 직접 잡아주기보다는 낚시질을 가르쳐 지속적으로 고기를 구할 수 있도록 해주는 사업이었다고 극찬한다. 정말이다. 언 발에 오줌 누기에 불과한 일시적 지원과는 차원이 다른, 말 그대로 전통시장의 활성화를 위한 근본적인 접근을 시도했다는 점에서 그렇게 평가하고 싶은 것이다.

"영세상인을 보호하고 서민경제를 활성화해야 하는 정부 의지를 문화를 통해 구현해보는 실험적인 사업"이었던 문전성시는 문화적 접근을 통한 전통시장의 활성화가 목표였다.

그래서 "지역경제의 중심지로서의 영화는 잃어가고 있지만 지금도 서민경제에 중요한 영향을 미치는 상거래 장소"라는 점에서 "문화관광, 지역문화, 예술교육, 공공디자인 등 다양한 문화적 요소들을 활용하여 전통시장이 지역 내에서 제 기능을 찾고 활력을 찾도록 하는 데"에 그 목표가 있었다. 전통시장과 지역사회가 문화예술을 매개로 통합되어 '시장의 가치와 사회적 공공성'을 창출하는 것이 이 사업의 비전이었다.

이런 입장에서 문화관광부는 문전성시 프로젝트를 본격 시행할 시범사업 대상시장을 물색했는데, 바로 여기에 내가 장사하던 못골시장이 선정된다.

문전성시컨설팅단(추진단)과 못골시장의 첫 만남에 대해서는 앞에서 밝혔기에 여기서 재론하지는 않겠지만 나는 운명적이었다고 생각한다. 만약 그날 내가 그 팀을 보고 상인회 회장에서 연락하지 않았다면 어땠을까? 결과가 이미 나온 것에 대해 가정법을 쓴다는 게 의미 없는 일인 줄 알면서도 굳이 가정법을 쓰는 것은 그만큼 못골시장, 아니 나와 문전성시는 운명적으로 만났다는 점을 강조하기 위해서다. 그런데 문전성시컨설팅단은 왜 못골시장을 시범사업 시장으로 선택했을까? 나중에 들은 바에 따르면, 문전성시컨설팅단은 이 사업의 지속여부까지 감안하여 시범사업의 성공사례를 만들어 다른 전통시장에도 널리 적용한다는 계획에서 대상 시장을 찾았다고 한다. 그들이 사전에 만든 성공 가능성이 높은 시장의 필요충분조건은 규모가 큰 시장보다는 작으면서도 아름다운 시장이며 동시에 상인들의 열의가 높아야 한다는 것 등이었다.

좀 더 구체적으로 보면, 서민 밀집지역에 위치한 시장으로 역사·지역·문화·관광적 특성이 있으며, 점포수는 50~200개 내외의 골목형 시장이고, 상인회가 구성되어 있어 추진력이 높고, 철거·신축 등 재개발계획에 포함되지 않는 시장이었던 것이다.

그 조건에 못골시장은 안성마춤이었다. 180미터의 짧은 구간에 87개 점포가 마주보고 있고, 정조대왕, 수원화성, '효' 문화가 깃든 곳일 뿐만 아니라 싱싱한 식재료가 주요 취급품목이고, 볼거리가 있는 재래시장의 맛이 살아있고, 대를 이어 운영하는 가게가 많은 특징을 갖고 있었다.

그래서 우리 못골시장은 강원도 강릉의 주문진시장과 함께 문전성시 시범시장으로 선정되는 행운을 얻었다.

문전성시, 변화를 위한 첫발을 내딛다

‘문전성시’가 이렇게 우리 못골시장에 찾아왔다. 내가 문전성시를 아주 친근감 있게 의인화하는 이유가 뭔지에 대해서는 눈치 빠른 독자는 이미 알아차렸을 것이다. 문전성시가 내게는 인생의 전환기를 마련해준 ‘멘토’ 같은 존재이기 때문이다.

하지만 문전성시가 처음부터 그렇게 인기가 좋았던 것은 아니다. 나야 회장이나 총무 등과 상인회 집행부 입장에서 이 사업을 유치해온 장본인 중의 한 사람이니까 무조건 좋다고 생각할 수밖에 없었지만 많은 상인들은 그렇지 않았다.

이런 비유가 적당한지 모르겠다. 종교를 가질 때 이성적으로 묻지도 말고 따지지도 말고 감성적으로 무조건 믿어야 한다고 하듯 문전성시는 내게 그런 존재였지만, 아직 확신이 서지 않는 예비 신자는 그 종교에 대해 이것저것 궁금한 것도 많고 비판적인 것도 많은 것처럼 대부분의 상인들의 정서는 그랬다. 물론 그래도 다른 시장보다는 좀 열의가 있었고, 또 시장이 이름까지 지어가면서 새로운 도약을 꿈꾸던 시절이라 생각만큼 냉소적인 분위기는 아니었다.

여하튼 이런 분위기 속에서 못골시장의 문전성시 프로젝트는 닻을 올렸다. 2008년 10월이었다.

사업을 진행하기 위해 외부에서 다양한 분야의 전문가들이 시장으로 들어왔다. 사단법인 한국지역활성화포럼(센터)의 오형은 사무국장(현 지역활성화센터 대표)이 못골시장 문전성시 프로젝트 매니저(PM)로 사업을 총괄했다.

오형은 PM은 "문전성시 프로젝트는 '결과를 만드는 일'이 아니라 '시작을 만드는 일'이라며 더 큰 미래를 만드는 작은 진원지를 만들자"고 상인들을 독려했다. 그러면서 프로젝트 기본방향을 제시했다. 오형은 PM은 궁극적인 목적이야 "시장을 활성화시키는 것"이겠지만 "눈에 보이는 문화 활동을 앞세워 성과를 만들고, 그것을 이슈화시키는 것이 아니라 문화를 도구로 활용하여 사람을 변화시키고, 그 변화한 사람들이 이끌어가는 활기찬 시장으로 만드는 것"이 이 프로젝트의 본질이라고 말했다.

그러면서 사업단이 파악한 우리 못골시장의 현황은 "87개의 점포로 이루어진 일자형 골목시장으로 인근에 대형 구상권이 포진해 있어 지역 내에서는 막내시장으로 통하고 있다"면서 "작은 규모와 인근의 대형 상권이라는 문제를 어떻게 효율적으로 극복할 것인가"가 관건이라고 분석했다.

그래서 오형은 PM은 시장 자체가 변해야 한다고 강조했다. 당시 나를 비롯한 집행부는 크게 공감했다. 특히 오형은 PM이 시장의 외부는 바꿀 수 있지만 그것으로는 시장의 본질을 변화시킬 수 없다는 말에 아무도 이의를 달지 않았다. 하지만 본격 실행단계에서는 취지에 공감하던 분위기는 온데간데없고 '까칠한' 반응만이 시장 안을 맴돌았다. 애초 "못골시장 사람들이 매우 적극적"이라고 알고 있던 사업단으로서는 당황했을 것이다.

사업단은 못골시장에서 본격 사업을 시작하기 전에 이미 상세한 조사와 분석을 통해 다양한 프로그램을 기획해놓은 상태였다.

그런데 문제는 외부기획자가 외부인을 끌어들여 벌이는 행사는 일회성이므로 애초 세웠던 목표, '더 나은 미래'의 창출과는 거리가 멀었다. 그러나 손뼉도 마주쳐야 소리가 나듯 상인들의 호응이 뒤따를 때만이 이들이 마련한 다양한 기획들이 빛을 보는 것은 불을 보듯 뻔한 사실. 그런 점에서 사업단은 상인회 운영진을 과감하게 추진단에 포함하여 작업을 진행했다. 상인 활동가들은 시장이나 해당 지역에 대한 충분한 이해를 바탕으로 프로그램을 기획할 수 있을 뿐만 아니라 상인과 주민의 의견 수렴이 쉬운 장점이 있다. 또 사업기간 동안에야 전문가들의 도움으로 프로그램들이 기획되고 진행되겠지만 문제는 사업이 끝난 이후에도 전문가들이 계속 있을 수 없다는 현실을 감안하면 상인들이 직접 참여하여 모든 프로그램의 기획에서 진행까지 공유하면서 나간다면 이들이 사업 이후에도 계속 진행할 수 있기 때문이다.

특히 우리 못골시장사업단은 상인큐레이터제도를 도입했기에 나를 비롯한 많은 상인들이 직접 사업에 참여할 수 있었다. 상인큐레이터라 함은 현장에서 일하고 있는 상인 출신의 프로젝트 기획자를 말한다. 미술관 전시기획자인 큐레이터를 연상하여 문전성시 작업 때는 상인큐레이터라고 불렀는데, 지금은 시장문화기획자라고 부른다. 여하튼 시장문화기획자들은 프로젝트가 끝난 다음에도 시장의 구성원으로 계속 남아 있기 때문에 시장의 문화 활동을 지속적으로 진행할 수 있다.

그런데 문제는 이 사업이 성공하기 위해서는 상인들의 적극적인 참여가 필수라는 점은 누구나 알고 있었다. 그럼에도 상인들의 호응은 정말 초기에는 기대 이하였다.

내 장사 내 맘대로 하는데 당신들이 뭔데 감 놔라 팥 놔라 하느냐는 반응이었다. 어찌 보면 맞는 말이다. 내 장사 내 맘대로 한다. 그렇다. 하지만 혼자만이 가게를 운영한다면 그런 반응이 100% 맞다. 하지만 어엿한 '인정시장'인 '못골시장'이라는 이름 아래 함께 어우러져 있는 가게라면 상황이 조금은 달라져야 한다. 아주 작게라도 못골시장이라는 공동체에 대한 전제가 있어야 하기 때문이다. 못골시장이 만들어지고 그리고 나서 각 점포들이 하나둘 생겨났다면 모르지만 못골시장은 점포부터 하나둘 생기기 시작하여 87개가 되었고, 그리고 그들을 모아 하나의 시장 단위, 즉 못골시장이 되었다. 그리고 못골시장은 상인회를 조직하여 시장의 발전을 위한 다양한 사업을 펼치기로 하였다. 그렇기에 못골시장은 여느 시장과는 공동체에 대한 개념이 남다를 수밖에 없다. 그럼에도 처음에는 쉽사리 새로운 시도에 대해 마음이 열리지 않았던 것이다.

그런데 사업단은 참 끈질겼다. 내가 보기에도 심하다 싶은 일도 용케 참아내며 일을 진행했다. 때로는 장사를 도와주면서 틈날 때까지 또 마음을 열 때까지 기다리는 모습에서 진정성을 느낄 수 있었다. 아무리 좋은 사업이라도 당사자가 마음의 문을 열고 진정성 있게 접근하지 않으면 공염불에 불과하다. 나중에 사업단으로부터 들은 얘기지만 못골시장 사람들은 정말 고집이 셌다고 한다. 자신들도 한 고집 하는데, 못골시장 상인들도 절대 지지 않더라는 것. 그래서 초기에는 불협화음이 없었던 것은 아니었다.

사업단은 7:3의 법칙으로 이 문제를 해결해나갔다. 7:3의 법칙은 프로젝트의 모든 부분을 전문가 대 상인의 몫을 7:3으로 정하는 것이다. 어찌 보면 모든 것을 전문가가 하고 상인들이 필요한 부분에 참여하는 것으로 생각할 수도 있지만 상인들이 수동적으로 행사에 동원된다고 하면 적극 나서는 데에 한계가 있다. 또 이 핑계 저 핑계 대며 빠지려고 한다.

특히 많은 상인들은 나 하나쯤 빠졌다고 해서 크게 문제 되지 않는다고 생각하기 쉽다. 이런 고사가 생각난다. 왕이 생일을 맞아 참석자들에게 술 한 병씩 가져와서 큰 항아리에 부으라고 했다. 이 술을 모두 섞어 마시면서 함께 공동체의식을 느껴보자는 취지였다. 그런데 술 항아리에서 한 잔 가득 술을 떠서 멋진 건배사까지 곁들여 마셨는데, 그 맛은 술이 아니라 맹물이었다. 모두 나 하나쯤 물을 가져간다고 해서 술맛에 큰 차이가 있을까 하고 생각했던 것이다. 그렇다. '나 하나쯤'은 기획을 망치고, '나부터'는 기획을 성공하게 한다.

하지만 기획이나 진행을 직접 맡게 되면 주인의식과 책임의식까지 더해져 자연스럽게 자발성과 적극성을 발휘하도록 하는 효과가 있다.

이 점에서는 사업단이 현명한 선택을 한 것 같다. 흔히 전문가들은 내가 최고, 그리고 내가 다해야 한다는 아집에 사로잡히는 경향이 있는데, 우리 못골시장에서 경험한 바에 따르면 애초부터 완벽한 기획이란 존재하지 않는다. 아무리 완벽하게 기획했다고 하더라도 시장의 상황이나 여러 가지 변수로 인해 수정 보완되기 마련이다. 이때 이런 변수를 상인의 참여라는 카드로 극복하였다. 우리 못골시장 문전성시추진단의 지혜가 탁월했다.

그러면서 처음부터 사업단은 '외부에서 들어온 사람들이 알아서 하는 프로젝트'가 아니라 '상인과 함께 만들어나가는 프로젝트'임을 전제하고 끊임없이 이 말을 주문 외우듯이 상인들에게 전파했다. 처음 들을 땐 으레 하는 말 정도로 생각하다가도 실제 행동으로 보여 주면서 계속 설파하면 하나둘 세뇌 당하게(?) 마련이다. 아마도 우리 사업단은 이런 전략을 잘 구사했던 것 같다. 우리 못골시장 사업단은 모두 6가지 전략으로 프로젝트를 진행했다.

첫째, 자원의 발굴 및 표현이다.

시장의 자원들을 발굴하고 재해석하여 시장의 다양한 가치를 개발하기 위해서였다. 여기서 자원이라 함은 상인들의 살아온 이야기,

모바일마케팅 행사에서 사회를 보는 필자.

팔고 있는 상품, 열정이 있는 시장상인 등이다. 이런 것들을 발굴하여 겉으로 드러내는 것이다.

둘째, 상인의 기획 역량 강화이다.

앞에서도 말했지만 사업 기간이 끝난 다음에도 지속적 운영을 위해 상인들 스스로의 기획 역량을 키우도록 한다는 것이다.

셋째, 소규모 커뮤니티의 활성화이다.

시장은 상인들이 시쳇말로 먹고살기 위해 장사하는 공간이므로 서로 간에 경쟁관계여서 마음을 터놓고 지내기가 쉽지 않다. 그래서 작은 커뮤니티를 만들어 활동하며 서로 간의 속내를 털어놓으면서 인간적인 친밀감을 형성하고, 이 친밀감을 바탕으로 하여 협력관계를 만들고, 나아가 상인으로서 자존감을 회복하고 조직 내에서 자신의 역할을 찾아 분담하도록 하는 것이다.

넷째, 시장 브랜딩이다.

상인의 생계수단인 점포에서 수익을 증대시키기 위해 시장을 브랜딩하여 지역사회에 적극 홍보하는 수단으로 삼기 위함이다.

다섯째, 커뮤니티 기반 공간 조성이다.

커뮤니티 활동에 필요한 공간을 확보하되 필요한 커뮤니티 활동 공간을 만든다.

여섯째, 사업 성과의 확산이다.

못골시장 프로젝트는 시범사업이라는 점이 말해주듯 못골시장 사업으로 끝나는 것이 아니라 이를 롤 모델로 삼아 활성화를 꾀할 다른 시장으로 그 문화의 가치가 공유 확산되도록 한다.

이런 원칙 속에 사업단은 프로그램들 간 실행순서를 정하는 한편 치

밀한 실행계획서를 만들었다. 실행계획서 속에는 애초의 기획 의도
와 목적을 다시 상기하도록 하고 프로그램이 끝난 다음의 예상 결과
와 성과를 비롯하여 실행 주체나 기간, 방법, 참고 사례까지 꼼꼼하
게 작성하였다. 그러면서 사업단은 문화관광부를 비롯한 지방자치
단체, 컨설팅단, 시장 상인회 등 유관기관과 긴밀한 연락을 주고받
으며 사업을 실행해나갔다.

　이런 모습들에서 나는 정말 우리 못골시장이 변할 수 있겠구나 하
는 확신을 얻을 수 있었고, 나름 열심히 참여하기로 했다.

이야기를 파는 전통시장 못골시장

우리 못골시장의 콘셉트는 '이야기를 파는 전통시장'이다. 그
럼 무슨 이야기를 팔까, 궁금해하는 독자들이 있을 것이다.

이야기는 다양하다. 못골시장 주변에 있는 화성에 얽힌 역사이야
기에서부터 시장 상인들의 개인적 삶의 이야기까지 어떤 이야기도
가능하다.

문전성시사업단은 못골시장 스토리텔링 사업부터 시작했다. 스
토리텔링은 못골시장과 얽힌 사람과 역사 등 다양한 이야기를 수집
하여 시장의 상인과 소비자들이 함께 공감할 수 있는 못골시장만의
감성적인 이야기를 만들어내는 작업이었다. 이 작업은 모두 87개의
상점을 대상으로 기초 이야기를 수집하여 이 중 30개 상점을 선정하
여 심층 인터뷰를 통해 다양한 못골이야기를 만들었다.

스토리작가들은 작업하면서 많은 애를 먹었다. 내가 옆에서 지켜

본 바에 의하면 흔한 말로 애를 먹은 정도가 아니었다. 여전히 상인들은 마음의 문을 열지 않았다. 이야기를 듣기 위해 찾아가면 장사를 방해한다고 여길 뿐만 아니라 자신의 이야기가 뭐 그리 쓸모 있을 것이며, 더욱이 남들에게 그런 이야기를 하기가 그렇다는 반응들이었다. 지금 생각해보면 충분히 이해할 수 있다. 하지만 당시에는 내가 보기에도 너무하다 싶었다.

그러나 작가들은 그동안 너무 몰랐던 이웃상점의 속살이 뭔지를 나누는 것이 서로의 도타운 정을 쌓은 가장 기본이라는 점을 들어서 설득하였고, 용케도 참아내며 그 많은 작업을 진행했다. 공감했다. 사람들이 진정으로 가까워지려면 술을 마시든 뭐하든 가슴속 이야기를 주고받는 것 이상이 없고, 함께 목욕탕에 가서 서로 맨몸을 보는 것만 못하다고 하지 않은가. 바로 그런 점에서 스토리텔링은 주효했다.

남의 얘기가 궁금하기에 앞서 내 얘기를 털어놓고, 그러고 나면 서로 소통하고, 진정으로 이해하고, 그러는 가운데 도타운 정이 쌓이고, 그 힘이 모여 못골시장의 공동체 힘이 만들어지는 것이다. 바로 여기에 스토리텔링의 힘이 있지 않았나 싶다.

특히 '가족'을 키워드로 하여 이야기 상점을 만든다는 취지에서 진행한 스토리텔링은 우선 전통시장의 또 다른 연관검색어인 '어머니'에 주목했다. 어려웠던 시절 가족을 먹여 살리던 억척 인생의 대명사로 소설이나 텔레비전 드라마의 단골 소재가 되기도 했던 친근감에서 선택한 주제였다. 그리하여 못골시장을 '애틋한 가족애'가

느껴지는 시장이라는 이미지를 만들어내며 가족이 함께 하는 가게, 위기를 넘긴 가족의 이야기 등을 발굴했다.

전통시장에는 사실 온갖 군상의 사람들이 사는 곳이다. 그러다보니 각양각색의 얘기들도 많다. 더욱이 인생 막장까지 갔다가 마지막이라는 생각에서 시장에 들어와 정말 오뚝이처럼 시련을 이겨낸 무용담들은 눈물 없이는 들을 수 없는 신파를 만들어내며 우리를 감동시킨다. 아, 그러고 보니 못골노래(제목 '못골CM송')도 만들었다. 그 가사를 적어본다.

"길은 좁은데 노란선 지켜요 / 소리가 커요 고음 말고 저음으로 / 눌러 보고 만져만 보고 / 그냥 가면 섭섭해요 / 사세요~공짜로 / 원산지 표시 / 재래시장만 / 백화점은 왜 안 물어봐 / 감사합니다 / 재래시장만 깎자고 하지요 / 십 원도 다 주는 백화점 / 우리 남편은 돌아만 다녀 / 시간을 주시면 좋아 / 뽀뽀해줄게 사랑해줄게요 / 아내에게 자유를 주세요

대를 이어 전통을 잇는 / 최고의 못골시장 / 못골시장에 오시면 / 사람 냄새 물씬 풍기네 / 사세요~공짜로 / 멀리서 오셔서 웃는 손님 / 좋아요 고마워요 / 감사합니다 / 싸고 싱싱해 / 덤까지 주고 / 인심도 좋고 좋아요 / 멋진 못골방송 디제이 / 피곤함을 잊게 해 주네 / 세계 최고 못골시장 / 사장님들 힘내 화이팅"

이야기들은 다양한 형태로 세상과 소통하기 시작했다. 우선 못골 스토리북(『우리는 못골시장 라디오 스타』라는 제목의 책으로 나와 시중에서 판매됨)으로 발간되었다. 그렇다. 이야기보따리가 풀어지니까 감동의 물결이 일었고, 그 감동은 다양한 흥을 만들어냈다. 그리고 이 이야기들은 못골시장 활성화라는 이념을 뒷받침하는 철학적 배경이 되었다고 해도 지나친 말이 아니었다.

스토리텔링 작업에 직접 나섰던 브랜드스토리의 정영선 기획이사는 그 감동을 취재후기를 통해 이렇게 전했다.

"못골시장 스토리텔링 작업을 통해 얻은 가장 큰 수확은 스토리북도, 이야기가 있는 간판과 매대도, 못골시장의 이야기를 담은 노래도 아니다. 이것은 바로 상인들이 자신의 과거를 반추하고 그 생이 헛되지 않았음을 깨닫게 된 것, 더 나아가 자신의 인생에 자부심을 가지게 된 것이다.……신산한 세상 바람에도 꿋꿋하게 뿌리를 지키는 서민의 힘, 가족애, 그리고 전쟁터 같은 세상 속에서 피어나는 눈물겨운 인생을…….'

그런데 역시 이야기의 힘은 강했음이 입증되기까지는 그렇게 많은 시간이 필요하지 않았다. 하나둘 화제가 만들어지기 시작하더니 급기야 고객들이 가게에 물건을 사러 와서 스토리텔링의 이야기로 인사를 주고받는 일이 생겨나기 시작했다. 애초 설마 하던 상인들은 신기함 속에서 고객들을 만났다. 신났다. 나를 알아주는 사람들이,

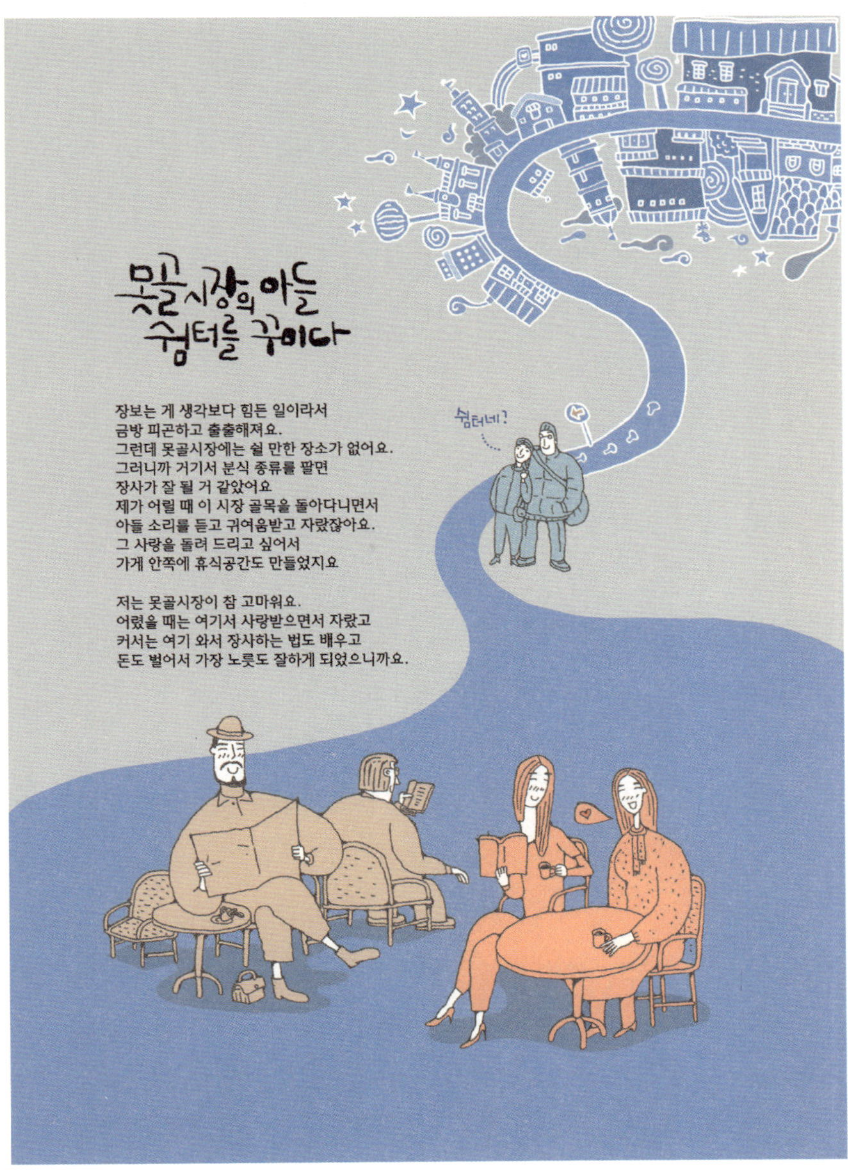

스토리텔링을 기반으로 만든 분식집 쉼터의 이야기 간판〈그림제공 : 못골시장 상인회〉

그것도 성도 이름도, 물론 얼굴도 모르는 사람들의 입에 회자되며 내 가게까지 찾아와주었다니 너무 기뻤다. 감동이었다.

많은 감동을 자아냈지만 특히 은하잡곡 김은숙씨의 암투병 이야기는 단연 화제여서 멀리서 일부러 잡곡을 사러 오는 발길이 이어졌고, 경남수산의 장병태씨는 연락이 끊어졌던 옛 친구와 다시 만나는 행운도 있었다. 이야기가 또 다른 이야기를 만들어내며 새로운 감동과 화제를 창출해냈고, 이 꼬리에 꼬리를 무는 화제는 고객들의 발길을 끄는 매력 포인트로 작용하기 시작했다.

아울러 이 이야기들은 다양한 후속작업의 기본 콘셉트를 정하는 배경이 됨과 동시에 작업 방향을 제시해주는 구실을 톡톡히 했다.

특히 전통시장에도 브랜딩작업이 필요하다는 건 따로 설명하지 않아도 그 중요성에 대해서는 다들 이의가 없을 것이다. 그래서 못골시장은 디자인적 접근을 통한 BI(Brand Identity)를 만들기로 하였다. BI라 함은 브랜드 즉 우리 못골시장의 이미지라 할 수 있는 시장 이름, 상징, 개성, 바람직한 연상 등을 소비자들이 쉽고 빠르고 정확하게 알 수 있도록 통일을 꾀하는 작업이라고 할 수 있는데, 이 종합적인 디자인 크리에이티브의 배경 역시 스토리텔링이었다. 그래서 사업단은 시장 전체를 대표하는 대표 BI와 상점별 BI를 개발하였다.

BI의 역할은 그뿐이 아니었다. 명함과 스티커나 앞치마, 포장 비닐봉지 등 모든 곳에 활용되어 대외적인 못골시장 이미지 형성의 전위대 구실을 했다.

내가 소속된 못골온에어도, 나중에 자세하게 얘기하겠지만, 이 스토리텔링을 기반으로 하여 다양한 내용의 방송을 할 수 있었고, 몽골미디어 역시 이 스토리텔링을 바탕으로 동영상을 만들었다. 이렇듯 스토리텔링은 우리 몽골시장 문전성시 프로젝트의 모든 프로그램에 스며들며 활성화라는 목표를 창출하는 데 크게 이바지한다.

못골시장을 바꾼 기획들

우리 못골시장 문전성시 프로젝트의 오형은 PM이 프로그램을 기획하면서 늘 입버릇처럼 하던 말이 있다.

"양적인 것이 아니라 삶의 질이 중요한 시대가 왔다. 전통시장도 마찬가지로 문화를 통한 상인들의 삶의 질 향상과 커뮤니티 개발이 시장 활성화의 목표가 될 수 있다."

시장활성화 프로젝트이기 때문에 많은 사람들은 프로그램의 기획 대상을 고객에게 두기 십상이다. 활성화라는 말의 1차적 의미에서 보아 시장이 활성화되려면 고객들이 북적거려야 되는 것이지 상인들만 북적거린다고 해서 되는 게 아니라고 생각한다. 궁극적으로는 맞는 얘기다. 그럼에도 우리 사업단은 고객이 아니라 상인에 초

《못골시장 이야기》 창간호.

점을 맞춰 프로그램을 기획하고 진행했다.

이유는 분명했다. 고객에게 어필하기에 앞서 상인 스스로 변해야 하고 그 변화를 몸으로 느끼면 즐거움이 생기고 즐거우면 자연 생기가 돌며 고객들에게 응대하는 것에서부터 변화가 일어난다, 그리고 감동한 고객의 발길은 다시 찾아오게 된다, 이거였다.

그런데 이것이 누구나 생각할 수 있는 아주 보편적인 지혜였지만 막상 실행하기에는 망설여지게 마련이다. 하지만 우리 못골시장 사업단은 이 점을 전략적 포인트로 삼아 진행했다.

문전성시 프로젝트사업단이 준비한 다양한 프로그램 중 앞에서 얘기한 못골시장 스토리텔링과 같은 비중을 갖고 처음부터 과감하게 시작한 프로그램은 《못골늬우스》였다. 《못골늬우스》는 시장 소식지였다. '대한늬우스'로 익숙한 '늬우스'를 '못골'과 붙여서 만든 소식지 이름은 무척 친근감이 있었다. 전통시장의 이미지와 너무 잘 어울렸다. 나중에 《못골시장 이야기》로 문패를 바꾸고 확대 개

《못골시장 이야기》의 기자인 동성분식 유선희씨가 상인을 인터뷰하는 모습.

편하였지만 개인적으로는 이름만큼은 여전히 《못골늬우스》에 끌린다.

어쨌든 이 소식지를 가장 먼저 시작했던 것은 못골시장 문전성시 프로젝트에 관심이 많은 각계 전문가들이나 시민단체, 네티즌뿐만 아니라 시장 내에도 소식을 전한다는 의미에서였다. 상인과 소비자 모두에게 문전성시 프로젝트를 홍보할 목적으로 창간된 것이었다. 창간호는 2008년 11월 4일에 나왔다. 반응들이 좋았다. 상인들은 자신들이 뉴스의 주인공이 되어 신문에 등장하자 신기해하면서 여기저기서 화제가 만발했다. 사진을 보고는 왜 더 활짝 웃지 않았느냐, 왜 나는 안 실었느냐 등등 갖가지 후속 뉴스(?)를 확대재생산해냈다. 당연히 관심을 끌었고 홍보 효과를 톡톡히 발휘했다. 이 ≪못골늬우스≫는 2009년 12월 31일 자로 ≪못골시장 이야기≫로 확대, 개편됐다. 그동안 사업단에서 제작하던 것을 상인회에서 자체적으로 제작하도록 하면서 제호도 바꾼 것이다. 상인회 운영진 중에서 편집장과 기자를 뽑아 직접 신문 제작을 맡겼다. 그런데 상인회에서 직접 신문을 제작하면서 뜻하지 않았던 망외의 소득(?)이 생기기 시작했다. 시장의 문제점들을 본격적으로 다루기 시작한 것이다. 장사만 할 때에는 사소하다며 그냥 지나치던 것들이지만 기자의 눈으로 문제점에 접근하고, 그걸 보도함으로써 개선을 유도하려는 시도를 하였던 것이다. 우리가 흔히 들었던 언론의 역할과 사명이 무엇인지를 실감할 수 있도록 해주었다. 아무리 작은 상인회 신문이라도 그 본연의 자세가 어떠해야 하는지를 알게 되었다.

시장 홍보를 위해 ≪못골늬우스≫와 함께 시작한 것이 바로 블로그이다. 음식, 여행 분야의 경험을 가진 블로거의 시선으로 못골시장의 먹거리와 풍경을 담아 전달한다는 취지에서 블로그를 개설하여 운영했다.

우리 못골시장의 명물, 아니 유명세가 전국구인 '줌마불평합창단' 얘기를 빼놓을 수 없다.

이 프로그램은 이름에서 알 수 있듯 여성들만이 참가할 수 있다. 처음에는 합창단이라는 이름에 걸맞는 활동을 기대하기보다는 노래를 좋아하는 우리의 문화를 감안하여 애창곡을 배우는 노래교실처럼 운영하면서 스트레스도 푸는 장으로 삼고자 했다. 그래서 연습하

KBS 아침마당 프로그램에 출연중인 줌마불평합창단.

러 모여서는 자연스럽게 불평과 칭찬에서부터 사는 얘기까지 수다로 이어지곤 했다.

그런데 이 수다는 그동안 서먹서먹하던 상인들 간의 유대관계를 강화하는 데 크게 기여했다. 앞에서 소개한 이야기 상점이 크게 인기를 끌었던 것은 바로 옆 가게에서 장사를 하더라도 세세한 얘기를 모르고 지내기가 일쑤였는데, 그런 이야기를 통해 서로 공통의 화제가 생겨나면서 자연스럽게 소통이 되었기 때문이다.

합창단에서 아줌마들의 수다는 이보다 더 속 깊은 얘기를 주고받으며 소통 그 이상의 소통을 가능하게 해주었다. 자연스런 소통은 노래 연습에 더 집중하도록 만들었고, 그 집중력은 프로합창단을 뺨치는 수준으로 발전하게 하는 원동력이 되었다.

사실 합창단 이름에 '불평'이 들어간 것은 '못골 CM송'을 만들기 위해 시장에서 불평엽서를 나눠주어 불평과 칭찬거리를 수집하여 가사에 반영한 데서 연유했다. 핀란드 출신 예술가 부부인 올리버 코차((Oliver Kochta)와 텔레르보 칼라이넨(Tellervo Kalleinen)이 기획했다고 하는데, 이들 부부는 사소한 걱정과 불평을 모아 가사를 만들고 곡을 붙여 합창하는 과정에서 우연하면서도 유쾌한 소통의 장을 만드는 새로운 형식의 공동체 예술을 창안했다고 한다.

이렇게 시작된 줌마불평합창단은 2009년 4월 우리 못골시장에서 있었던 '5촌1장' 축제 때 정식(?)데뷔한다. 애초 예정에 없었다가 갑자기 공연 요청을 받은 줌마불평합창단은 연습이 없으면 자발적으로 노래방에까지 가서 연습하여 무대에 섰는데, 무척 떨렸지만 관객들의 박수소리에 뿌듯함을 느꼈다고들 했다.

줌마불평합창단이 처음부터 잘 됐던 건 아니다. 매주 목요일에 연습을 하였는데, 참석자가 모이지 않아 스태프가 직접 각 상점을 뛰어다니며 참석을 설득했다. 하지만 신나게 노래 부르며 춤을 추고 난 다음날 참석자들 얼굴엔 가벼운 미소들이 번졌다. 정말 화끈하게 스트레스 해소를 했기 때문이다. 이렇게 줌마불평합창단은 본격 합창단의 면모를 갖춰가면서 유명 합창단이 되었고, 지금은 전통시장 행사 때 섭외 영순위다.

못골미디어 얘기도 해야겠다. 못골미디어는 영화영상전문가들이 못골시장 78개의 상점 이야기를 영상으로 담아낸 작업이다. 못골스토리텔링을 중심으로 사전 작업을 하여 기획을 하고 전문 감독들이 카메라를 잡았다. 영상 속의 주인공은 상인들. 상인들의 과거와 현재, 그리고 미래가 고스란히 카메라에 담겼다. 매월 마지막 주 금요일엔 그동안 작업한 영상들을 함께 감상하는 시사회가 열렸었는데, 성황이었다. 한 자리에 모여 이웃상인의 얘기를 영상으로 만나면서 상인들 간의 이해의 폭이 넓어졌고, 공감하고 나누면서 도타운 정이 쌓였다.

전통시장 하면 우선 배에서 꼬르륵 소리부터 나기 마련이다. 전통시장에 가면 갖가지 먹거리들이 있기 때문이다. 그런데 우리 못골시장의 주력 판매 상품은 1차 먹거리들이다. 따라서 이런 먹거리와 관련하여 주부들이 쉽게 해 먹을 수 있는 음식들에 대한 못골레시피를 개발하였다. 못골레시피는 철저하게 시장 안에서 조사하여 후보를 선정하였는데, 모두 50종으로 정했다. 재료를 통해 지속적으로 보완이 가능하고, 주재료는 계절적으로 한정되지 않되 1만원 범위 안에서 정하고, 그리고 젊은층의 의견을 적극 반영하여 선정했다. 무굴밥을 비롯하여 배추된장국, 시래기된장나물, 낙지채소볶음과소면, 날배추겉절이, 고구마/단호박라떼 등등. 이 레시피는 못골휴식터에서 누구나 무료로 구할 수 있도록 했는데, 인기 만점이다.

이밖에도 많은 프로그램들이 진행됐는데, 대부분이 상인이 주체가 되는 프로그램들이다. 고객이 변하기를 원하기에 앞서 상인이 변해야 한다는 의미에서다. 사실 상인은 변하지 않으면서 고객에게 변하라고 요구하는 건 어불성설이다. 상인의 변화된 모습에 감동할 때 고객이 변하고 그리고 되돌아섰던 발길이 돌아오는 것이다. 그런 점

5촌1장 축제로 열린 동지 팥죽 나눔에서 팥죽을 나눠주는 필자.

에서 상인이 먼저 변해야 한다는 콘셉트는 문전성시가 추구하는 가장 큰 이념이었다. 그러면서 동시에 고객들에게 다가갈 수 있는 다양한 프로그램들이 기획됐다.

5촌1장 축제부터 얘기하자. 수원의 대표적인 전통시장인 우리 못골시장과 깨끗한 농산물을 생산하는 5개의 농촌마을이 지속적인 교류를 통해 시장의 이미지를 개선해 나간다는 취지로 기획됐다. 2008년 동지를 맞아 강원도 원주 용소막마을에서 가져온 팥으로 무려 3천인 분의 팥죽을 쒀서 시장 방문 고개들에게 무료로 나눠주는 행사부터 시작했다. 이 행사는 공중파인 SBS를 비롯하여 신문, 방송에서 앞 다투어 보도하여 난리가 날 정도였다. 이 프로젝트의 이름인 '시끌벅적난장'다웠다. 액과 부정을 방지하고 소원과 희망을 기원하는

'액막이 소원지' 작성도 진행됐는데, 정말 성황이었다.

두 번째 행사는 2009년 2월 정월대보름을 맞아 '복을 파는 못골 정월 대보름행사'였다. 못골시장과 강원도 평창 백옥포리 마을이 자매 결연식을 갖는 동시에 백옥포리 주민을 초청하여 함께 귀밝이술을 마시고 소원 달을 띄우며 부럼을 깨무는 행사를 가졌다. 아울러 못골시장과 백옥포리 마을의 정보와 활동들을 대형걸개그림으로 그려 시장 입구에 전시하는 한편 백옥포리마을의 친환경 농산물을 판매하는 행사도 가졌다.

세 번째 행사는 'Talk Talk Talk Pop Pop' 못골 튀밥재즈콘서트였다. 이름이 모던하면서도 정겹다. 우리 못골시장 입구에 마련된 소형무대에서 진행됐다. 못골시장과 자매결연을 맺은 강원도 화천 토고미마을에서는 매년 논두렁 재즈콘서트가 열린다고 하는데, 이들이 직접 공연을 해주었고, 토고미마을 친환경 농산물로 우리시장의 남문뻥튀기에서 직접 튀겨 시민과 상인들에게 무료로 나눠주었다. 이때 개그우먼 김미화씨가 와서 한결 분위기를 돋워주었다.

네 번째 행사는 2009년 4월에 열린 '평창 봄나물로 만든 쫄깃쫄깃 봄떡 나눔 축제'였다. 이 행사는 우리 시장에서 있었던 상인상상교실 견학단이 자매마을인 평창 백옥포마을에 가서 직접 뜯어온 봄나물(쑥)로 떡을 만들어 함께 나눠먹었던 행사였다. 이날도 7080 통기타 콘서트를 비롯하여 우리 못골시장의 보배인 줌마불평합창단의 공연이 있었다.

그리고 2009년 5월 7일에는 야생차와 대나무문화축제가 열렸다.

상인들에게 커뮤니티의 중요성을 설명하고 있는 필자.

또한 이 지역이 화성행궁이라는 역사적 공간과 맞대고 있다는 점에서 '사도세자 회갑연' 축제를 열어 자발적이고 비형식적인 놀이 성격의 잔치를 통해 고객들이 지속적인 시장방문을 하도록 했다.

그런데 많은 행사도 유익했지만 정말 썩 괜찮았던 프로그램을 꼽으라면 나는 상인상상교실이다. 이 프로그램은 상인의 정체성을 찾기 위한 프로그램이라고 할 수 있다. 상인들은 수많은 이해관계 속에서 살아간다. 필연적인 경쟁으로 상인 간 관계가 멀어지기도 한다. 그러나 이런 문제를 해결하기 위해서는 우선 나 자신의 정체성부터 찾아보는 것이 효율적이라는 걸 알았다.

이 프로그램은 미술체험을 통해 내가 누구인지를 찾아보는 작업이었다. 자신이 직접 한 꼴라쥬 포스터를 들고 자신이 누구인지에 대해 발표하였다. 애니어그램을 통해 내면적인 자기관찰을 하여 자신의 성격 유형에 대해 알아보고 이를 바탕으로 남을 이해하는 과정을 거쳤다. 그리고 3단계에서는 상인이 바쁜 일상 속에 살면서 자기 포기적 의식 속에 감추어두었던 비전을 찾아보는 작업을 진행했다. 가정과 사업 등 폭넓은 범위 안에서 비전에 대한 구체적인 목표치를 세우고 그 과정에서 일어날 수 있는 장애물 해결 과정을 실제적으로 재현해봄으로써 삶의 에너지를 충전했다.

이렇듯 문전성시 사업단에서는 다양한 사업을 통해 못골시장을 환골탈퇴시켰다. 그리고 그 변화된 모습은 못골시장의 역동적 힘이 되었다.

못골지기, 인사드립니다

2008년 12월 30일, 나는 마이크 앞에 앉아 떨리는 목소리로 시험방송의 시작을 알리는 오프닝 멘트를 했다.

"라디오방송으로 처음 인사드립니다. 못골지기 김승일입니다. 시험 방송이지만 상인 여러분과 고객님들께 인사드리는 첫 방송이라 그런 지 많이 떨리네요. 많이 준비했고, 잘할 수 있다는 자신감으로 이 자 리에 앉았는데, 왜 이렇게 떨리는지 모르겠습니다. 상인 여러분, 그리 고 못골종합시장을 찾아주신 고객 여러분, 진행 중에 실수하더라도 너그럽게 이해해 주시구요. 잘 할 수 있도록 응원해 주시기 바랍니다. 여러분의 응원으로 열심히 진행해 보도록 하겠습니다."

오랜 만에 당시에 썼던 오프닝멘트를 다시 읽어보니 정말 감회가 새롭다. 이날 나는 당시 유행하던 아이돌 그룹 '빅뱅'이 부른 '붉은 노을'을 틀면서 방송을 시작했던 것 같다. 이 노래는 알다시피 이문세의 히트곡을 빅뱅이 리메이크하여 부른 곡이었다. 누구나 아는 노래로 접근하는 것이 보다 친숙하게 다가갈 수 있다는 생각에서 고른 노래였다. 그날 나는 스튜디오 안에서 방송을 진행하는 관계로 바깥의 상황을 알 수 없었고, 더욱이 첫 방송이라 정신이 없었던 터여서 청취자(상인과 고객)들의 반응이 어땠는지는 정확히 모르지만 상당한 화제를 불러일으켰다는 얘기를 나중에 전해들었다.

애초 우리 못골시장에는 공지사항을 알리는 시장 안내방송이 있었다. 농촌 드라마의 단골 소품인 시골마을 이장이 확성기로 공지사항을 전달하는 것과 크게 다를 바 없는 기능을 가진 방송이었다. 딱히 다른 말이 없어 방송이라고 불렀지 확성기의 기능 그 이상도 그 이하도 아니었다. 그런데 문전성시 팀에서 이 방송을 듣고는 이걸 본격 라디오 방송으로 하면 어떨까 하는 아이디어가 나왔고, 그걸 구체화시켜서 탄생한 것이 '못골온에어'이다. 우리 시장 상인들이 직접 참여하는 라디오라면 상인 간의 소통을 가능하게 하고 또 이를 바탕으로 공동체문화를 회복할 수 있을 것 같다는 생각에서 기획됐다.

그러나 라디어방송에 직접 참여해 대본도 쓰고 방송도 해야 하는 DJ를 맡을 사람이 없었다. 하고 싶은 마음이 있어도 감히 엄두를 내지 못하는 상황이었고, 또 나이가 있는 어른들은 언감생심이었다. 그래서 나를 비롯한 현 상인회 회장인 이충환 씨, 그리고 지동순대의 김덕원 씨 등 젊은 3명이 차출(?)되다시피 해서 DJ로 발탁됐다.

혹시 발탁이 아니라 끼 많은 사람들의 자원이 아니냐고 할지 모르지만 애초 5명을 선발하려고 했다가 결국 3명만 선발됐다는 사실이 그렇지 않음을 증명하리라.

DJ로 발탁된 우리에게 정식 방송 시작까지 주어진 시간은 두 달이었다. 하지만 우리는 아무 것도 몰랐다. 그냥 DJ로 선발됐을 뿐 할 수 있는 건 귀가 있으니 듣는 것과 아무 것이나 말을 할 수 있는 것을 빼고는 아무 것도 없었다. 그러니 결과적으로 이 장사꾼 3명을 스스로 방송을 할 수 있는 DJ로 조련해내야 하는 문화예술교육연구소 노재정 선생님의 고민은 우리보다 몇 배 더 컸을 것이다.

그런데 지금 생각해도 참 좋았던 것은 애초 세웠던 가장 중요한 목표가 '철저한 아마추어리즘'이었다는 사실이다. 전문가가 목표였다면 굳이 상인을 쓸 필요가 없었을 테고, 외부에서 전문 DJ를 영입해서 쓰면 그만일 수 있었다. 그러나 중요한 것은 전문가가 없더라도 방송은 지속적으로 이루어져야 하고, 또 기성 라디오 방송이 목표가 아니라 시장에서 늘 만나는 상인과 고객들과 함께 할 수 있으면 그만이었다. 나중에 다른 시장에서 외부 전문가로 라디오방송을 꾸렸다가 실패했다는 얘기를 들을 때마다 우리 못골시장은 애초 콘셉트를 참 잘 잡았다는 생각이 들었다.

우리 프로젝트의 전반적인 구호였던 "즐거워야 한다. 잘하려고 하지 말고 즐기려 하자"는 모토에 맞게 DJ 교육도 '천천히 즐겁게 가자'는 입장에서 했다.

처음에는 방송 구성과 기획, 큐시트 작성법에서부터 시작해 대본

작업이나 엔지니어링, 음향장비 다루는 법에 이르기까지 혼자서 북 치고 장구 치는 1인방송을 진행할 수 있도록 배웠다. 그런데 시장에 서 장사하던 사람들이 하루아침에 방송 DJ를 겸업하기가 쉽지 않음 을 알기까지는 많은 시간이 필요 없었다. 다른 사람들은 어땠는지 모르지만 난 기계 다루는 것은 어렵지 않았지만 문제는 대본이나 구 성, 이런 소프트웨어적인 것들을 어떻게 할 것인가였다. 상황이 쉽 지 않음을 눈치챈 노재정 선생님은 급히 목표를 수정해 최소한의 기 초교육만 진행하는 것으로 바꾸었다. 나머지 심화과정은 방송을 하 면서 차차 배우고 터득하는 걸로 했다.

모두 8번의 교육을 받았다. 내게 정말로 유익한 시간이었다. 장사 하랴, 상인회 재무일 하랴, 몸이 열 개라도 모자랄 만큼 바빴지만 DJ 교육을 받는 동안만큼은 정말 행복했던 것 같다. 나 스스로도 놀란 것은 내게 이런 연예인 기질이 있다는 점이었다. 대학 시절 동아리 활동을 통해 탈춤을 추는 등 공연을 좋아했던 건 사실이지만 라디오 DJ가 적성이 맞으리라곤 상상도 못했었다. 그런데 나의 숨겨진 끼가 발견되는 망외의 소득도 있었언 것이다.

2019년 1월 19일, 드디어 개국방송의 날이 왔다. 그날 우리 3명 의 DJ는 아침부터 라디오 스튜디오에 나와 이것저것 점검은 물론이 거니와 수차례 리허설을 하면서 준비했다. 시험방송을 통해 우리 DJ 들 각각의 이름도 정했었다. 이충환 DJ는 입으로 뛰는 'LeePD'. 김덕 원 DJ는 김나는 '솥뚜껑킴', 그리고 지금은 '시장맨'으로 활동하고 있 는 나는 '못골지기'로 정했다. 나중에 합류한 상신쇼핑의 이하나 씨는

인기가 전국구인 못골온에어 DJ들.

'춘우', 종로떡집의 이하나 씨는 '떡하나', 오복떡집 김찬미씨는 '올리버', 도자기풍경의 김철민 씨는 '철민'이라고 이름을 정했다.

첫 방송은 정말 성황이었다. 시장 내외의 관심이 이 정도인지 몰랐다. 그 좁은 스튜디오에 내로라하는 중앙의 신문과 방송이 총출동했다. 공중파 3사와 각종 케이블TV, 그리고 '생방송 무한지대' 같은 교양 프로그램들도 취재현장에 합류했다. 어떤 스포츠 빅 이벤트의 취재경쟁에 조금도 뒤지지 않을 만큼 시장방송을 벗어나 전국방송으로 데뷔한 것이다. 여기저기서 터뜨리는 카메라 플래시와 ENG카메라의 조명에 눈이 부셨지만 그 조명 위에 붕 떠 있는 느낌이었다.

이렇게 개국방송을 무난히 치르고 난 우리 3명의 DJ는 망중한을 즐길 겨를도 없이 이제 엄청난 중압감과 맞닥뜨렸다. 매주 한 차례씩 정해진 시간에 청취자들과 만나야 한다는 점이다. 처음에는 1주일에 한번쯤이야 했는데, 실제 방송이 시작되고 나니까 흔한 말로 장난이 아니었다.

그런 가운데, 나는 2009년 1월 21일 첫 단독방송을 진했다. 마침 설 명절이라 시장은 발 디딜 틈이 없을 만큼 사람들로 북적거렸다. 역시 언론의 힘이 컸다. 지난주만 해도 이 정도는 아니었는데 싶을 만큼 사람들의 수가 눈에 띄게 늘었다.

나는 나름 수원에서 최고의 전통시장임을 자부하는 수원 제일의 전통시장을 찾은 고객의 안목을 높이 평가한다고 너스레를 떨며 방송을 시작했다. 이날은 우리 방송에서 나름 빅 이벤트가 있는 날이었다. 문전성시 프로젝트를 추진하고 있는 문화체육관광부 유인촌 장관과 김용서 수원시장이 방문해 나와 인터뷰가 예정되어 있기 때문이다. 나는 당시 유행하던 걸그룹 '소녀시대'의 "Gee"를 틀고는 두 분과의 인터뷰를 대기했다. 드디어 노래가 끝나고 다시 온에어. 나 스스로 큐 사인을 마음속으로 넣고 두 분과 마주했다. 인사말과 문전성시에 대해 얘기를 나누는 가운데 유인촌 장관은 이런 덕담을 했던 것으로 기억된다.

"경제 한파의 시기, 문틈으로 들어오는 찬바람을 막기 위해 문풍지를 바르는 마음으로 문화로 따뜻한 세상을 만들도록 노력하겠습니다."

그리고 나는 안치환의 '사람이 꽃보다 아름다워'를 틀었다. 오늘 같은 날 꼭 맞는 노래라고 생각되어서 선곡했었다. 그렇다. 시장은

못골온에어 방송 중 유인촌 전 문화부 장관과 인터뷰하는 필자(2009년).

곧 사람들이 사는 공간이다. 그 사람들이 정말 꽃보다 아름답다는 것을 나는 이날 라디오방송을 하면서 또 방송을 끝내고 가게로 돌아가는 길에 마주친 사람들에게서 확인할 수 있었다.

그런데 우리 못골온에어의 정말 자랑은 내가 이박사의 '영맨'을 틀고 나서 시작한 점포소개 코너가 아닐까 싶다. 나는 첫 방송에서 내게 야채가게 비법을 아낌없이 가르쳐주셨던 지동야채 이효정 사장님을 소개했다. 솔직히 사심이 좀 들어간 선택이었다. 하지만 내가 떳떳하다고 큰소리칠 수 있는 건 우리 못골시장 상인 모두가 초대될 것이기 때문이다.

우리 못골시장의 군기반장을 자임하는 이 사장님이 내게 가르쳐

준 지혜 "야채장사는 버리면서 배운다"는 교훈을 되새기며 방송을 끝냈다. 끝내면서도 이 사장님이 사모님께 바치는 신청곡을 틀었다. 그리고 마지막 멘트는 이렇게 날렸다.

"지동야채 사모님 잘 들으셨어요? 사모님을 사랑하는 사장님의 마음이 잘 전달되었나 모르겠습니다. 사모님 너무 감동해서 오늘 저녁 반찬이 달라지면 지동야채 사장님 저 맛있는 거 사주셔야 돼요."

DJ 역할은 내게 많은 것을 가져다주었다. 약속된 시간에 어김없이 방송해야 하는 책임의식을 가르쳐주었다. 사실 시장에서 생활하다보면 정해진 시간과 약속에 대해 그다지 구속감을 갖지 않는 경향이 있다. 지금 못하면 이따가, 오늘 안 되면 내일, 아니면 다시 기회를 보지 뭐, 이런 식이 되기 십상이다. 그런데 방송은 달랐다. 내가 약속을 안 지키면 수많은 청취자들이 실망하고, 그 실망은 불신으로 이어지고, 그 불신의 시장의 이미지를 까먹고…….

아울러 방송하면서 웃고 떠드는 동안 내 자신에게 엄청난 힐링 효과가 있다는 점이다. 특히 상인들과 어우러져 수다를 떨면 소통은 물론이거니와 즐거움을 얻을 수 있고, 나아가 자기중심적 사고에서 시장공동체 중심 사고로 의식이 바뀐다는 점이다.

이후 나는 정말 열정적으로 DJ일에 매달렸던 것 같다. 2단계에서는 인터넷을 통한 중계방식을 도입해 '보이는 라디오'로 진화했다. 2009년 9월부터였다. 이 기획을 위해 나는 모니터나 카메라를 비롯하여 컨버터 등 방송장비를 직접 세팅했다. 그리고 어떻게 배치하는 것이 효율적인 방송을 할 수 있는지 등 전반적인 사항을 고려하여 장비를 세팅하면서 보이는 라디오뿐만 아니라 무대에서 공연이 있을 때도 생중계할 수 있도록 케이블 배선작업까지 직접 했다.

이 작업을 하면서 나는 방송장비가 시장의 공공재산이라는 점에서 누구나 운영할 수 있어야 한다는 점에 포인트를 두었다. 그래서 간단하게 한곳에서 콘트롤하고, 사용하도록 해야 한다는 원칙을 정해서 작업했다. 나는 상상하는 것은 다 이루어져야 한다는 생각이다. 그래서 이 설비 역시 그런 원칙을 이루려고 노력했다.

또 하나 내가 이 작업을 하면서 가장 신경 썼던 것은 모든 곳에서 다 보여야 한다는 점이었다. 보통 모니터들이 고객 중심으로만 설치되어 있어서 공연이나 행사가 있을 땐 상인들은 보지 못하고 장사만 하게 된다. 그러나 어느 누구도 소외되어서는 안 된다는 게 내가 시장문화기획자로 진화하면서 얻은 결론이다. 따라서 이 점은 시장문화를 기획하는 내게 있어 매우 중요한 이념이 되었다.

이후 사실 나는 시장에서는 연예인이 다 되었다. 행사가 있으면 사회 보고, 노래도 부르고(아, 사실 난 몽골밴드의 보컬이기도 하다), 뭐든 다 한다. 그래서 몸은 힘들지만 마음은 너무 즐겁다.

문전성시의 4가지 성공 포인트

사람들은 못골시장의 문전성시 프로젝트는 성공했다고들 말한다. 나도 그렇게 생각한다. 그럼 무엇이 우리 못골시장을 거듭나게 만들었을까? 이 성공 포인트를 되짚어보는 것은 무척 의미가 있다. 우리가 살려야 할 장점임과 동시에 우리 못골시장 사업이 문화관광부의 시범사업이기에 다른 전통시장에도 잘 적용될 수 있는 역할을 해야 하기 때문이다.

첫째, 고정관념을 깨는 과감한 발상의 전환이었다.

사람들은 전통시장 활성화 하면 으레 어떻게 하면 장사를 잘할 것인가부터 생각한다. 지저분하고 가격이 들쑥날쑥하고 주먹구구식은 추방해야 할 공적 1호가 된다. 그래서 매장을 깔끔하게 하고 세련된 말씨로 장사하되 기업처럼 경영을 하라고 가르친다. 얼핏 보면 그럴

듯한 논리다. 맞다. 파는 현장이 깨끗하고 믿음이 가고 상품 진열이 눈에 띄게 하는 게 중요하다.

하지만 전통시장에는 그보다 더 본질적인 문제가 있다. 전통시장이 아무리 깨끗하고 최신의 인테리어를 갖추고 세련된 사람들이 고객을 맞는다고 하더라도 이미 자본력과 최신 경영기법, 마케팅 전략으로 고객들에게 충분히 인식된 대형마트나 백화점 같은 유통기구들과는 경쟁상대가 되지 않는다. 주차에서부터 계산까지 모든 과정이 일관시스템으로 가능한 곳과의 경쟁을 전제하고는 평생 가도 따라가지 못한다. 결국 따라하다가 자본 다 까먹고 볼일 다 본다.

따라서 애초부터 전략의 포인트를 이들 대형마트와 중첩되게 설정하면 안 된다. 따라하는 가게가 아니라 전혀 새로운 시장으로 만들어야 한다는 것이다. 그래서 기획의 포인트를 상품 판매에 두는 것이 아니라 어떻게 보면 상품 판매와는 거리가 먼 곳에 두는 것도 하나의 전략이다.

우리 못골시장은 문화적 접근을 시도했다. 시장에 장 보러 온다기보다 뭔가 볼거리가 있고 이야기가 있어서 오도록 만든다는 것이었다. 그래서 은하잡곡에서 권투글로브를 끼고 장사를 해보자고 했다. 그러나 여러 가지 상황이 여의치 않아 글로브를 걸어놓고 장사를 했는데, 이게 사람들의 눈과 발길을 붙잡는 역할을 했다. 왜 권투글로브를 걸어놨느냐에서부터 실제 권투 잘하느냐에 이르기까지 사람들의 관심이 다양하게 일어났고, 관심은 고객과 상인의 대화로 이어졌고, 이 대화는 고객이 시장에 다시 들렀을 때 또 다른 이야기로 이어졌다. 그러면서 자연스럽게 상품 판매가 이루어지고 신뢰를 얻은 고객은 단골이 되는 식이었다.

이 과정에서 우리는 아주 소중한 진리를 깨달았다. 바로 우리 못골시장 상인들 스스로가 마음이 굳게 닫혀있다는 사실이었다. 상인의 마음의 문이 열려야 고객에게도 인간미 있게 다가가고 인간미를 나누면서 서로 진정성을 발견하게 되는 것이다.

그래서 애초 상품 판매에서 벗어난 과감한 발상의 전환 콘셉트는 성공에 이르게 하는 가장 중요한 출발이었다.

둘째, 먼저 상인이 변해야 한다는 당위성의 설정이었다.

옛날에는 상인들 대부분이 장사 안 되는 탓을 고객 탓으로 돌렸다. 정말 좋은 물건인데 눈썰미가 없어서 모른다느니, 사지도 않을 거면서 뒤적거리기만 한다느니, 싸게 불러도 깎으려든다느니, 이러면서 모든 게 고객 탓이었다. 이걸 바꿔 고객 입장에서 생각해보자. 가게가 깨끗하기나 하나, 그렇다고 친절하기나 하나, 가격은 제멋대로고. 그럼 고객은 누굴 선택하겠는가. 깨끗하고 주차 편한 대형 마트로 갈 수밖에 없다. 모든 게 다는 아니겠지만 전통시장의 어려움에는 상인들 자신의 책임이 무척 크다.

그런 점에서 우리 못골시장의 문전성시사업단은 고객보다 상인의 변화부터 주문했다. 상인이 변하여 즐거운 마음으로 장사를 하면 고객 응대에서 가식이 아닌 진정한 친절이 나오고 친절은 고객의 마음을 편하게 그리고 신뢰감으로 이어져 결국 거래가 이루어지고 그

순환 논리는 상품의 회전 속도를 빠르게 하여 신선하고 좋은 물건이 계속 유통되도록 하는 원동력이 된다.

그래서 문전성시사업단이 처음 우리 못골시장에 와서 했던 일이 상인들의 정체성 찾기였다. 앞에서도 조금 얘기했지만, 미술체험을 통해 도대체 내가 누구인지, 내가 왜 상인인지, 상인은 어떤 사람인지 등 상인 자신의 정체성을 알아보도록 했다. 처음에는 누굴 뭘로 보느냐는 식의 냉소적인 반응이 대부분이었다. 콜라쥬 기법으로 자신의 모습을 그려봄으로써 내가 누구인지에 대해 점차 이해하기 시작했다. 이 작업을 통해 어떤 사람은 속이 다 시원하다며 펑펑 울기도 했다. 내면적인 자기성찰 과정은 그만큼 우리들을 힐링시켰다. 그리고 이제 본격적인 프로그램을 시작해도 받아들일 수 있는 열린 마음을 만들어주었다.

이렇게 자신의 정체성을 찾은 상인들은 이제 무얼 어떻게 해야 하는지에 대해 스스로 알게 되었다. 내가 바꿔야 할 단점은 무엇이고, 또 계속 활용해야 할 장점은 무엇인지 알아서들 고치고 계승했다. 아울러 다른 사람들과 소통하면서 서로의 장점은 닮아가고 단점은 시정하는 분위기가 생겨나기 시작했다. 상인들이 변하기 시작한 것이다. 상인의 변화는 시장에 활기가 넘치도록 했고, 그 넘치는 활기는 고객들에게 호감 있게 다가가는 인간적인 매력이 되었다.

그리고 상인들의 의식 변화가 가져다 준 또 하나의 강점은 자발성과 자기희생 정신을 바탕으로 한 공동체 의식 회복이다.

문전성시 프로젝트를 하기 전에는 상인들 여럿이 모여 무슨 일을 했던 적이 거의 없었다. 오히려 상인회에서 무슨 일을 해 달라고 요구해도 콧방귀도 안 뀌는 분위기였다. 시장에 필요한 일이 있으면 목마른 자가 샘 파듯 하면 될 일, 내 일이 아니라 남의 일이었다. 그러니 어느 것 하나 되는 일이 없었다.

그런데 이렇게 정체성을 찾고 이웃상인과의 소통을 통해 마음이 바뀌니까 내 일이든, 남의 일이든, 아니면 공동의 일이든 자발적인 자원봉사가 이루어지고, 또 내 일보다 공적인 일을 우선하는 분위가 만들어지면서 우리 못골시장의 공동체의식이 만들어졌다는 점이다.

이 공동체 의식은 무슨 일이든 상인회 이름으로 진행하면 안 되는 일이 없도록 하는 동기를 부여했고, 결과도 시장활성화라는 대가로 보상받은 셈이다.

셋째, 지역 문화와의 연계이다.

어찌 보면 우리 못골시장은 다른 시장보다는 문화적 유산이 풍부한 편이다. 가까이에 있는 수원화성이라는 유네스코 등재 문화유산은 무엇보다 강점이다. 하지만 이건 결과론적 평가이다.

우리 못골시장이 문전성시를 시작하기 전에는 수원화성의 문화적 혜택을 전혀 받지 못하는 이곳 시장의 끄트머리에 간신이 명함을 디민 골목시장에 불과했다. 화성시장 하면 으레 팔달문 시장을 떠올릴 만큼 화성의 영향권과는 거리가 있었다.

그런데 지금은 오히려 화성의 문화유산과 가장 잘 매치되는 시장으로 사람들의 입에 회자 된다. 어찌 보면 이웃한 다른 8개의 시장에는 조금 미안한 느낌이 없지 않다. 하지만 못골시장의 활성화는 못골시장에만 혜택이 돌아오는 것이 아니라 이웃시장으로도 발길이 이어지고 있다. 한때 정치권에서 복지를 둘러싸고 유행가처럼 들이대던 논리인 '낙숫물효과'라고 할까. 막내 시장에서 활기가 넘쳐 결국 이웃한 다른 시장에도 활기가 넘치도록 만든다는 논리다.

그런 점에서 못골시장의 활성화는 철저하게 이웃 시장과의 네트워킹 속에 상생하는 모델로 기능해야 할 것이다.

넷째, 미디어의 적극 활용이다.

아마도 우리 못골시장 만큼 신문이나 방송, 잡지, 인터넷에 회자된 시장은 없을 것이다. 지금도 하루가 멀다하게 언론에서 취재를 온다.

이는 감히 우리 상인들만의 생각이었다면 아예 생각조차 하기 어려운 일이었다. 신문이나 방송 하면 우리네 보통사람들에겐 거리가 있다. 아주 유명한 사람 아니면 살인 같은 정말 나쁜 일을 저질러야만 신문이나 방송에 나오는 줄 알았는데, 우리 상인들도 얼마든지 뉴스의 주인공이 될 수 있다는 게 신기했다. 지금은 조금 식상해 할 만큼 언론의 취재가 귀찮게 느껴질 때도 있다.

그런데 나는 이 프로젝트를 통해 언론의 속성이 무엇인지에 대해서 조금은 알게 됐다. 흔히 개가 사람을 물면 뉴스가 안 되지만 사람이 개를 물면 뉴스가 된다고 한다. 그 이유를 알았다. 개가 사람을 문다는 것은 지극히 개의 본성에 관한 일이다. 그런데 사람의 본성은 개를 무는 것이 아니다. 맞다. 바로 그거였다. 일상적으로 예상하는 대로 일어나는 사건이라면 뉴스가 안 된다. 누군가가 누군가를 무는 것과 같은 일이라도 사람이 개를 무는 것과 같은 의외성과 독특함이 있어야만 뉴스가 된다는 것. 맞는지 모르지만 뉴스를 영어로 'NEWS'라고 하는 것은 바로 '새것들'이란 의미가 아닐까 생각된다.

여하튼 우리 못골시장이 뉴스에 등장한 것은 이런 이유가 있었던 것 같다. 물론 문화관광부에서 야심차게 진행하는 시범사업이라는 큰 배경이 있어 문화관광부에서 출입기자들에게 협조를 부탁했을 수도 있다. 그렇지만 그럴 경우 일회성 보도에 그쳐야 하는데, 우리 못골시장은 지금까지도 그 열기가 이어지고 있다.

전통시장에서 라디오방송이 진행된다? 그렇다. 사람들은 전통시장은 물건을 사고파는 곳이라고 생각하는데 라디오방송이 진행된다는 사실은 분명 새로운 일이다. 사건이다. 뉴스인 것이다. 이런 식으로 우리 못골시장이 매스컴을 타기 시작한 것 같다. 언론의 힘은 정말 컸다. 방송에 한번 나가고 나면 다음날이면 사람들이 구름떼처럼 몰려와 방송에서 봤던 내용을 눈으로 확인하느라 난리도 아니었다.

이때 고객과 상인 모두에게 강한 인상으로 남고, 인상은 인간적 교류까지 가능하게 하는 힘이 있었다. 그렇다. 이 밖에도 우리 못골시장이 성공하였던 배경에는 여러 가지 요소들이 있다. 물론 성공이라고 하기엔 아직 이르다. 여전히 숙제는 지속가능한 모델로 계속 기능할 수 있느냐하는 문제가 남아 있기 때문이다.

지속가능한 시장문화 가꾸기

못골시장 활성화 프로젝트는 일단 성공했다고 할 수 있다. 하루 시장 방문객이 2005년 5천 명 수준에서, 2007년 7천500명, 2008년 1만 명, 그리고 지금은 1만2천 명(주말 1만5천 명) 이상으로 늘었다. 유입인구가 산술적으로만 3배 증가한 셈이고, 이에 비례해 각 가게들의 매출액 상승 또한 배 이상 늘었다. 공식적인 통계로는 유입인구가 80%, 매출액이 28% 증가로 나타났지만 체감하는 활성화는 이보다 훨씬 높다. 주말에 못골시장에 와 본 사람들이 한결같이 하는 말이 서울의 명동이나 홍대입구, 강남역 같은 번화가에서 겪어봄 직한 경험을 했다고 한다. 서로 어깨를 맞대고 지나가야 할 만큼 북새통을 이루고 있다.

그러나 여기서 우리는 아주 중요한 과제와 씨름해야 한다. 그것은 다름이 아니라 시장의 이 같은 활성화가 언제까지 지속시킬 것인가 하는 점이다. 지금 보기에는 그 열기가 쉽게 식을 것 같아 보이지는 않지만 그건 쉽게 장담할 수 있는 일이 아니다. 고객들이 지속적으로 우리 못골시장을 찾도록 하는 것은 이 시장에 오면 뭔가를 보고 듣고 느끼고 먹고 즐길 수 있는 오감만족이 있어야 한다. 그런데 그런 요소들이 계속 같은 것으로 재탕 삼탕 하고 있다면 금방 식상하게 되고 그 식상함은 고객들의 발길을 돌리게 하는 요인이 된다.

그런데 문제는 만약 이제 고객들의 발길이 끊긴다면 또 다시 지금처럼 활성화할 수 있겠느냐 하는 점이다. 내가 보기에는 거의 불가능에 가깝다.

못골시장이 지금까지 이만큼 한 것도 사실 어찌 보면 기적에 가깝다고 해도 틀린 말이 아니다. 문전성시사업단은 좀 달랐을지 모르지만 특히 나를 비롯한 우리 못골시장 상인들 대부분은 반신반의했던 게 사실이다. 더군다나 장사의 가장 기본적인 기능과 역할을 개선하기보다는 그 주변에서 자꾸 맴돌려고 하는 문화적 접근이라는 생소한 시도에 대해 시큰둥했던 게 사실이다. 좀 심하게 말하면 나랏돈인데 되면 좋고 안 되면 말지 하는 생각에서 이 프로젝트에 접근했던 사람들도 다수였다.

그런데 의외의 결과에 모두 놀랐다. 그리고 그 의외성에서 희망을 발견했다. 그런데 문제는 이들 문전성시사업단이 시범사업이니만큼 주어진 기간 동안 작업하고 돌아갔을 때, 그땐 어떻게 할 것인가 하는 점이었다.

물론 문전성시사업단도 이 점을 매우 중요하게 생각하고 다각적

상인이 변해야 시장이 살아난다는 점에서 상인교육은 매우 중요하다.

인 방법을 모색했다.

그래서 2009년부터 본격적인 '상인기획자 양성 프로젝트'가 진행됐다. 이는 외부의 지원 없이 모든 것을 상인들 스스로가 활동할 수 있는 기반을 마련하는 데 초점이 맞춰져 있었다. 이 사업의 핵심은 '상인큐레이터(시장문화기획자)' 제도의 실시였다. 시장과는 조금은 낯설고 부조화한 것으로 들리는 큐레이터(curator) 앞에다 '상인'을 붙여 만든 상인큐레이터라고 하는 이 근사한 이름은 프로그램의 기획자이자 운영자를 말한다. 큐레이터라는 말이 미술관이나 박물관에서 쓰는 용어라는 것쯤은 다 알 테니까, 그들의 역할을 생각해 보면 된다. 미술관이나 박물관의 전시회를 기획하고 그 기획에 따라 전시회를 실질적으로 운영하는 사람이 큐레이터다. 다만 전통시장에서 상인큐레이터는 시장에서 일어나는 각종 행사나, 이벤트 등을 기획하고 이를 운영하는 사람이라고 할 수 있다.

그래서 문전성시 팀은 상인큐레이터를 뽑아 교육을 통해 실무능력을 길러서 그동안 해왔던 다양한 문화콘텐츠 사업들을 지속성 있는 사업으로 승화, 발전시키고, 아울러 새로운 사업들을 개발하도록 했다.

우리 못골시장은 3가지 목표가 있었다. **첫째, 상인공동체가 중심이 되는 열정적인 문화시장, 둘째, 소비자와 상인의 만남이 문화가 되는 재미있는 문화시장**, 그리고 **셋째, 주민과 상인이 하나가 되는 포근한 문화시장**이 그것이다.

그래서 상인큐레이터들은 이 이념을 가치 구현의 정신으로 삼아 상인 중심의 문화화를 통한 시장문화를 발현한다. 상인들의 삶에 문화를 투영시키고 시장의 저변에 문화를 확산하는 한편 상인의 삶터와 일터인 시장에 스스로 문화를 만들어내는 문화시장으로 정착시킨다. 나아가 못골시장을 명소화하고 지역주민과 소비자가 함께 만들어가는 문화시장을 발전시킨다. 이 비전을 실천하는 데 초점을 맞추어 큐레이터 역할을 하기로 했다.

그런데 처음에는 다들 어려워했다. 더군다나 장사하느라 바쁜 데다가 문화프로그램을 기획하고 운영한다는 게 말처럼 쉬운 게 아니었다. 다행히 문전성시 팀에서는 이론적 교육은 물론이거니와 기존의 프로그램을 통해 실제 경험하도록 교육을 하였던 터여서 생각보다 쉽게 적응되었다.

가령, ≪못골늬우스≫만 해도 그렇다. 처음에는 문전성시사업단

상인과 고객의 참여의식은 시장활성화의 지속성을 위해 매우 중요하다.

과 상인 간의 원활한 소통을 위해 만든 소식지에서 시장 고객까지
독자로 하는 본격적인 시장소식지 ≪못골시장 이야기≫로 확대, 개
편하고서는 외부의 지원을 받지 않고 편집팀이 독자적으로 모든 것
을 만들고 있다. 기획에서 취재, 기사 작성, 편집, 인쇄 및 배포까지
모든 공정을 스스로 해내고 있다. 사실 애초에는 엄두도 못 낼 일이
었다. 기사 작성은커녕 취재나 편집 어느 것 하나 상인들과는 무관
한 재능이었다. 그런데 직접 모든 걸 다 할 수 있다는 것을 발견했
다. 이것은 대단한 성취욕도 동시에 맛보게 하면서 나아가 다양한
기사들을 기획, 발굴하여 본격 시장 매체로서 기능하게 된 것이다.

문전성시사업단에서 계속 만들었다면 언감생심이다. 문전성시사업단은 언젠가는 자체적으로 제작해야 한다는 계획 아래 상인들을 기자로 뽑았고 일정 기간 함께 제작하면서 제작 노하우를 전수해주고, 그리고 독립. 모든 게 원하는 만큼 기대한 만큼 이루어지고 있었다.

내가 상인큐레이터로로 기획했던 사업은 '정조, 시장 납시오'였다. 정조대왕이 못골시장에서 와서 '회갑상'을 받는다는 것이 기본 콘셉트였다. 우선 정조대왕 퍼레이드 팀을 섭외하는 등 모든 행사를 기획에서부터 진행까지 맡았었다. 개량한복을 맞춰 입고 진행했는데, 그날 나는 정말 북 치고 장구 치고 다했다. 기획자가 사회까지 봤으니까.

퍼레이드를 하여 우리 못골시장으로 와서 시장 입구에 있는 작은 무대에 마련한 회갑상을 받도록 했는데, 관에서 하는 것처럼 세련되게 하지는 못했지만, 또 예산도 넉넉지 않아서 만족하지는 못했지만 그런대로 화제를 만들었다. 매스컴에도 나오고 후에 사람들의 입에 회자되기도 하고.

그리고 우리 못골시장은 2009년 10월 못골시장의 지속적인 문화 활동을 유지하기 위해선 서포터할 조직이 필요하다는 생각에서 못골시장 시장문화기획자들이 주축이 되어 비영리문화단체인 '못골문화사랑'(시장사랑회)'을 조직했다.

못골문화사랑의 역할은 못골시장 내 동아리 활동의 지원과 지속적인 문화 활동을 위한 여러 공모사업을 기획하는 역할을 한다.

2011년에 수원시의 '홀로서기 프로젝트'와 문화체육관광부의 '문

필자가 기획하고 진행까지 하였던 '정조, 시장납시오'의 사도세자 회갑연 장면.

전성시 3차', 지식경제부의 '커뮤니티비즈니스 시범사업', 경기문화
재단의 '지역문화예술활동지원사업', 수원마을르네상스센터의 '마
을만들기지원사업' 등의 사업을 맡아 예산을 직접 집행하면서 못골
시장을 더욱 활성화시키는 역할을 하였다.

하지만 이런 일들이 어느 것 하나 만만하지 않다. 정말 열심히 해야
한다. 특히 나는 이 과정에서 지속가능한 사업으로의 진화를 위해 어
떻게 해야 할지에 대해 고민을 많이 했다. 그 고민의 결과가 이 분야
의 사업을 본격적으로 펼치는 시장문화기획 회사의 창업이었고, 그
매뉴얼이 이 책 3부에서 펼쳐놓게 될 '시장문화기획'에 관한 것이다.

제3부

시장문화기획자

시장문화기획자는 누구인가

요즘 '기획자'들이 넘쳐난다. 웬만한 분야엔 다 기획자가 있다. 이벤트기획자, 공연기획자, 문화기획자, 마케팅기획자, 상품기획자, 웹기획자, 여행기획자, 시장문화기획자… 등 우리의 삶과 맞닿아 있는 곳엔 으레 기획자가 존재한다. 아무 분야나 그 뒤에 '기획자'라는 단어를 붙여도 전혀 어색하지 않다. 심하게 과장하면 기획자가 우리의 삶을 지배하는 것 같은 착각이 들 정도다.

내가 상인 출신 1호일 수 있는 시장문화기획자도 이런 시대적 트렌드에 발맞추어 탄생한 신참내기 기획자다.

그런데 기획이 뭘까. 글쎄, 느낌으로는 그 의미를 알겠는데, 명확하게 정리하여 이거다 라고 설명하기에는 머뭇거려진다. '기획'이란 말의 뜻을 일단 사전에서 찾아보면 "어떤 일을 꾸미어 계획함"이라고 설명하고 있다. 그렇다. 이걸 내식대로 해석하면, 예정에 있었던 없었던 여하튼 어떤 일을 주어진 여건이나 상황, 또 필요에 의해 의도적으로 만드는 것이 기획이라고 할 수 있을 것 같다.

아마도 이 '기획'이라는 말에 부정적인 인상을 갖고 있는 사람들도 있을 것이다. '기획부동산'이란 말은 한번쯤은 들어봤을 것이다. 여기서 사용되는 기획이란 말이 '사기'란 말과 그 어의가 거의 같게 사용된다. 그래서 사람들은 기획하면 어떤 나쁜 의도를 갖고 있는 게 아닌가 의심할 수도 있을 것이다. 또 '기획'이란 말이 자칫 '뜬구름'과 동의어로 쓰이는 경우도 있다. 기획이 너무 현실성이 없고 장황하여 실체성이 모호할 뿐만 아니라 실현가능성이 없는 데서 오는 비판이다. 하지만 여기서는 일을 좋게 할 의도로 사용된다는 점을 염두에 두자.

우리의 의도와 상관없이 자연적으로 발생하는 일을 제외한 나머지 모든 일은 기획에 의해 일어난다고 해도 크게 틀리지 않는다. 거창한 의미의 기획이든 아니면 단순한 의미의 의도이든 누군가가 하겠다는 의지를 갖고 일을 계획하게 된다. 그런 점에서 사람은 누구나 기획자이다.

그런데 굳이 일반인들과 구별하여 '기획자'들의 역할이 요구되는 것은 그만큼 전문적인 기획이 필요하기 때문이다. 시장문화기획자도 그런 범주에서 정의된다.

시장문화기획자를 한 마디로 정의하면 "시장(여기서는 전통시장)의 활성화와 발전을 위해 다양한 사업을 기획하고 실행하고 집행하여 시장의 문화를 창조하는 사람"이라고 할 수 있을 것 같다.

시장에 가보면 알겠지만 의도하지 않으면 장사 말고는 어떤 일도 일어나지 않는다. 일어난다고 해봐야 싸움 정도. 이것도 우발적인 해프닝 그 이상도 그 이하도 아니다. 그러다 보니 파는 사람도 사는 사람도 어떤 신명이 나서 일을 하는 것이 아니라 기계적으로 얼마냐고 묻고 물건 좋다는 의례적인 맘에도 없는 문답이 오간 후 조건이 맞으면 거래가 이루어질 뿐이다.

그러다 보니 사실 만족해서 다시 찾아오는 사람들보다 실망해서 발길을 돌리는 사람들이 더 많기 마련이다. 아울러 주변에 휘황찬란한 조명에다 큰 주차시설까지 갖춘 마트가 있는데, 굳이 불편을 감수하고 전통시장으로 장 보러 갈 이유가 없다. 오히려 그런 상황에도 장 보러 가는 사람이 이상하다고 해도 크게 틀린 표현이 아니다.

그 결과 전통시장은 다 죽어간다고 아우성이다. 그런데 정작 아우성만 클뿐 상황을 개선하려는 노력은 거의 없이 어제처럼 오늘처럼 내일을 산다.

그럼 어떡해야 하는가. 앞에서 말한 것처럼 뭔가 '의도적인 일'을 꾸며 사람들의 관심부터 끌어야 한다. 관심이 가야 발길을 할 것이고 발길이 있어야 물건도 살 것 아닌가.

바로 여기로 정부의 관심이 갔고, 그 관심은 정책으로 만들어져 전통시장 활성화를 위한 다양한 지원 사업이 펼쳐졌다.

내가 시장문화기획자라는 타이들을 단 것은 바로 전통시장의 활성화 프로젝트에서 일정 역할을 하면서 얻은 경험을 바탕으로 스스로 독립적인 시장문화기획자로 거듭나면서다.

　지금은 가게를 아버님께 넘기고(?) 시장문화기획자로 독립했지만 애초 삶의 터전으로 삼고 장사를 하던 못골시장에서 이 분야를 경험하고서 나는 신선한 충격을 받았다. 시쳇말로 바로 이거다, 내가 가야 할 길이 이거다, 이런 필을 받았기 때문이다.

　청년장사꾼이란 말에만 의미를 두고 살기엔 뭔가 2% 부족하다는 느낌을 늘 갖고 있었는데, 못골시장 활성화 프로젝트인 '문전성시'를 만나고서는 내가 정말 시장에 뼈를 묻어도 되겠다는 확신과 각오를 새롭게 다졌다. 시장에서의 역할이 장사하는 것 말고는 없을 줄로 알았는데, 정말 무한했다. 생각하는 것은 다 할 수 있다는 또 다른 세계를 발견한 것이다.

　왜 사람들은 주어진 상황에만 매몰되어 사는 걸까, 하는 자못 철학적 깨달음까지 얻으면서 정말 그동안의 삶과 생각이 우물 안의 개구리였다는 것을 알았던 것이다.

　시장문화기획자, 이름부터 근사하지 않은가. 이름만 근사한 게 아니라 역할과 사명도 근사하다. 재래시장을 전통시장으로 바꾸는 '미다스 손'처럼 느껴지는 직업 같지 않은가.

　시장문화기획자는 말 그대로 시장에서 문화와 관련된 일을 기획하는 사람이다. 즉 시장을 공간적 배경으로 삼아 시장과 관련될 수 있는, 때로는 발상을 전환하여 전혀 어울릴 것 같지 않는 일로 사람들과 소통하는 행사나 이벤트를 기획, 실행하는 일을 한다.

　전라북도 전주에 있는 남부시장 가면 '청년몰'이 있다. 매스컴에 자주 등장해 지금은 유명세가 전국구인 이 시장 2층에 청년장사꾼들이 들어와 장사하면서 동시에 대안문화를 가꾸고 있는 현장이다.

전통시장의 또 다른 이미지는 어른들이 주먹구구식으로 장사하는 곳인데, 그런 곳에 청년들이 들어와 장사를 한다? 어른들의 주먹구구식과 청년들의 모던함의 만남, 이건 상당한 부조화이다. 그래서 감히 생각하기 힘든 조합이다. 그런데 이곳에 청년들이 장사할 수 있도록 일을 꾸민(?) 것이다. 즉 기획한 것이다.

그런데 청년들이 장사하도록 한다는 거시적 판단 못지않게 그럼 어떻게 청년들의 시장에서의 장사를 성공하게 할 것인가, 하는 미시적 문제 역시 매우 중요하다. 공간이 있어 그곳에 물건을 갖다 놓고 판다는 그 이상도 그 이하도 아닌 소위 장사의 기본적인 역할에만 초점이 맞춰졌다면 과연 성공할 수 있었을까. 그렇고 그런 가게에 불과하고 더더욱 주고객이랄 수 있는 젊은이들이 시장으로 그것도 시장 2층으로 발길을 돌려서 물건을 살까. 열에 아홉은 아니라고 답했을 것이다. 그렇다면 젊은이들을 비롯한 다양한 고객들의 발길을 끌기 위해서는 뭔가 일을 벌여야 하는데, 그게 바로 시장문화기획자의 역할이다. 거창하게 말하면 하드웨어적인 시설이나 공간 문제와 별개로 소프트웨어 즉 문화를 만들어내는 몫은 시장문화기획자와 상인들의 것이다.

그래서 다양한 기획들로 고객들에게 다가가기 위한 노력을 했고, 그 결과 사람들의 마음을 움직이게 했고, 그 마음을 움직인 문화적 동기와 동력은 지속적인 청년몰만의 시장문화로 승화시켰다.

이제 누구도 청년몰을 전통시장에서 장사하는 젊은이들의 가게로

만 이해하지 않는다. 그곳에 가면 '적당히 벌고 아주 잘 살자'는 구호를 실천하는 청년장사꾼들이 꾸민 특색 있는 가게들인 '순자씨 밥줘', '범이네 식충이', '만지면 사야 합니다', '우주 계란'과 같은 간판을 머리에 인 아기자기한 20여개의 이색가게들과 만난다. 이곳에서는 한 달에 두 번 야시장이 열리고 주말에는 공연 등 다양한 문화행사까지 열린다. 그렇다. 바로 청년몰만의 독특한 시장문화가 만들어진 것이다. 그런데 이 청년몰의 성공은 한때는 한강 이남의 최대 물류집산지였지만 쇠퇴의 길을 걷던 시장에 활력을 불어넣었다고 한다. 매출도 많이 늘었다고 한다. 이제 청년몰은 100년 된 전주 한옥마을 여행 다음에 반드시 들러야 할 여행명소가 됐다. 그곳에는 청년몰만의 '시장문화'가 있기 때문이다. 여느 시장에서도 볼 수 있는 '시장문화'라면 굳이 전주까지 가서 볼 필요가 없다. 가까운 전통시장에 가면 된다. 그러나 그곳에 가야만 접할 수 있는 문화라면 기를 쓰고 일부러라도 찾아가게 된다. 바로 여기에 전통시장의 미래가 있고, 이 미래를 가꿔가야 할 전위대가 바로 시장문화기획자가 아닌가 싶다.

그런데 전주 청년몰의 사례에서 보듯 시장문화기획자의 궁극적 목적은 넓은 의미의 시장문화를 형성하는 일이라는 사실이다.

지금까지의 설명에서 나는 '문화'라는 말을 너무 좁게 한정하여 시장문화기획자의 역할을 얘기했다. 그 이유는 거시적 목표를 이루기 위해 거시적 목표에만 치중하다보면 정말 뜬 구름이 되고 실현가능성이 없기 때문이다. 내가 문전성시를 통해 배웠던 것은 좁은 의미의 문화나 전통을 통해 우선 사람들에게 다가가고 그리고 그 성과를 바탕으로 그 다음 단계인 넓은 의미의 문화를 창출하는 것이었다. 그래서 정말 '문화'를 만드는 것이 시장문화기획자의 역할이라고 본다.

문화란 무엇인가. 우리가 흔히 알고 있기는 음악, 미술, 영화, 연극, 예술 같은 분야를 말한다. 그러나 진정 넓은 의미의 문화는 삶의 모습을 총칭한다고 볼 수 있다. 나의 좁은 소견으로 이해하는 것보다 사전을 보자.

"자연 상태에서 벗어나 삶을 풍요롭고 편리하고 아름답게 만들어 가고자 사회 구성원에 의해 습득, 공유, 전달이 되는 행동 양식. 또는 생활양식의 과정 및 그 과정에서 이룩해 낸 물질적, 정신적 소산을 통틀어 이르는 말. 의식주를 비롯하여 언어, 풍습, 도덕, 종교, 학문, 예술 및 각종 제도 따위를 모두 포함한다."

그렇다. 생활양식이다. 그렇다면 '시장문화'란 시장에서 살아가는 모습이 된다. 지금까지 시장문화는 물건을 사고파는 공간에다 커뮤니케이션의 장, 또 광장의 기능을 수행하다 산업화 도시화 현대화 과정을 거쳐 지금은 단순히 물건을 사고파는 곳이 뿐이다. 그 기능마저도 이젠 기력을 다해가는 상황이다. 그런 점에서 시장문화기획자는 이런 시장문화의 전통과 향후 미래지향적인 시장문화를 창출해내야 하는 막중한 임무가 주어진다.

시장문화기획자에게 필요한 자질

많은 사람들은 내가 시장문화기획자에 아주 적합한 사람이라고 들 말한다. 아마도 내가 시장에서 장사했던 청년장사꾼이었기 때문일 게다. 이는 어찌 보면 시장을 잘 아니까 기획자로서의 역할도 잘 할 거라는 기대감이 더 크게 작용한 것이다.

물론 이런 이유도 중요하다. 시장을 아는 것과 모르는 것의 차이는 기획의 현실가능성을 담보하느냐 아니냐를 가늠할 수 있기 때문이다.

하지만 나는 일단 이런 이유에 대해 긍정하기는 하지만 부정적 의견이 더 크다는 게 솔직한 입장이다. 많은 사람들이 나의 이런 입장에 대해 의아해 할 것이다. 시장문화기획자가가 시장 출신이 더 적합할 거라는 생각에는 크게 이의를 달 사람이 없다는 점을 감안하면 뚱딴지 같은 소리처럼 들릴 것이다.

그럼 시장문화기획자에게 요구되는 자질이 무엇인지 살펴보자.

첫째, 시장친화적 유전자를 갖고 있어야 한다.

나는 우물 안 개구리식 사고는 순간적인 효과는 낼지언정 지속적인 효과를 창출하기에는 한계가 있다는 생각이다.

그동안 꽤 많은 자금을 투자해 시행했던 우리 전통시장의 활성화 정책들이 갖고 있었던 한계가 바로 시장을 아는 사람 또는 시장적 접근을 통해 이루어졌기 때문이 아닌가 싶다. 정책을 시행할 때는 일시적인 효과가 나오는 듯 보이다가 정책이 끝나거나 중단되면 이내 그 약효가 떨어지면서 원래상태로 돌아간다. 즉 심리학에서 말하는 '가소성의 원리'를 배반한다. 가소성이라 함은 "어떤 힘을 받아 형태가 바뀐 뒤, 그 힘을 없애도 본디 모양으로 돌아가지 않는 성질"을 말하는데, 시장에 어떤 형태의 변화를 주면 변화를 줄 때만 변하는 것처럼 보이다가 그 변화의 힘이 없어지면 언제 그랬냐는 식으로 원래 상태로 돌아간다. 변화된 만큼 진화나 발전된 상태가 유지되어야 하는데 전혀 그렇지 않은 것이다.

왜 그럴까? 여기에는 다양한 이유가 있겠지만 기획의 방향이나 의도가 너무 근시안적이었기 때문이 아닌가 싶다. 사실 전통시장의 활성화 대책에서 시장적 접근은 누구나 아는 아이디어라고 할 수 있다. 또 그렇기 때문에 눈에 띄는 개선 작업을 하지는 않았더라도 눈에 보이듯말듯 숱하게 많은 사람들이 시나브로 개선하려고 해왔다. 하지만 실질적인 효과가 나타나지 않았다. 그럼에도 그걸 겉으로 드러내가며 요란을 떤다고 해서 크게 달라지지 않았다. 이유는 뻔하다. 그게 답이 아니기 때문이다. 시장을 살린다는 명분에서 물건만

전통시장 견학 진행 중 버스에서 시장문화 기획에 대해 강의하는 필자.

사라고 외친다고 해서 물건이 팔리지 않는다는 것은 고객들이 더 잘 안다. 단지 상인이나 정책집행자만 모를 뿐이다.

반복적인 얘기지만 시장의 가장 기본적인 기능에 초점이 맞춰진 활성화 대책은 공염불에 불과하다. 어떻게 자본력과 기획력과 경영 능력, 그리고 첨단기법을 다 동원하는 대형마트와 차별화를 한단 말인가. 글쎄, 내가 보기엔 이게 가능하다고 말하는 건 순전히 거짓말이 아니면 눈가림에 불과하다는 생각이다. 내 말이 조금 거칠다고 느낄지 모르지만 그게 현실이다.

그래서 내가 상인 출신 시장문화기획자 1호를 자임하면서 많은 고민을 했다. 많은 사람들이 내게 상인 출신이니까 누구보다 잘 할 거라고 격려했지만 나는 솔직히 그 격려가 넌 실패할 거야 하는 말로 들렸던 것이 사실이다. 그럼에도 내가 시장문화기획자라는 명함을 만든 것은 바로 이런 고정관념을 깨고 발상을 전환할 수 있다는 자신감이 있었기 때문이다.

나는 '줄탁동시(啐啄同時)'라는 말을 좋아한다. 어미닭이 알을 품은 지 스무날쯤 되면 알을 깨고 밖으로 나오는데, 이때 병아리 혼자서 알을 깨기엔 역부족, 그래서 밖에서 어미닭이 함께 알을 쫀다고 한다. 병아리가 안에서 쭉쭉 빠는 것, 떠드는 것을 '떠들 줄(啐)', 어미닭이 밖에서 그 소리를 듣고 화답하는 행위를 '쫄 탁(啄)'이라고 한단다. 그래서 동시에 함께 같은 부위를 쪼면 알이 깨지고 비로소 병아리가 세상에 나올 수 있는 것이다. 그런데 중요한 것은 어미닭이 병아리가 부화할 때를 알고 알을 함께 깨야 하기 때문에 어미닭은 알 옆에서 병아리가 알을 '줄' 하기를 기다린다고 한다.

바로 시장문화기획자로서 내가 시장 출신이기 때문에 갖는 강점은 여기에 있다고 본다. 시장의 가려운 곳을 시장에 문외한인 사람보다 잘 알 수 있다는 것. 그래서 어떤 곳에서 어떤 것이 필요한지 빨리 알아차릴 수 있다는 것이다. 아울러 시장문화기획자의 역할이 모든 것을 다해주는 것이 아니라 상인들이 주체적으로 하도록 맞장구를 쳐주는 것이기도 하기 때문이다. 손뼉도 마주쳐야 소리가 난다는 말이 더 실감나는 표현일 수 있다. 시장 활성화는 시장문화기획자만이, 또 상인만이 이루어낼 수 있는 일이 아니다. 시장문화기획자와 상인이 줄탁동시를 할 때 비로소 가능하다.

따라서 시장 출신이 시장문화기획자가 되기에 좀 유리한 것은 시장 상인들과 쉽고 빠르게 소통할 수 있고 가려운 곳을 빨리 파악할 수 있을 뿐만 아니라 실현가능한 기획을 할 수 있는 강점이 있기 때문이다.

하지만 시장문화기획자의 자질 중 시장 출신이라는 점은 필요조건은 될지라도 충분조건은 아니다. 누구나 시장에 대해 이해하고 공부하면 그런 점을 키울 수 있다. 다만 이 말의 의미는 무엇보다 시장을 잘 알려고 노력하는 시장친화적 자세가 필요하다는 얘기이다.

둘째, 도전정신이다.

도전정신은 꼭 시장문화기획자에게만 요구되는 것은 아니지만 특히 시장문화기획자에게 강조되는 것은 전통시장이라는 공간이 우리가 생각하는 것과는 많이 다른 공간일 뿐만 아니라 시쳇말로 산전 수전 공중전까지 치렀던 화려한 전적을 갖고 있는 격전지였던 터여서 웬만한 것 갖고는 명함도 못 내미는 곳이다. 따라서 과감하고 모험심 가득한 도전정신이 없다면 어떤 문화기획도 물먹기 십상이다.

하지만 도전정신은 시행착오를 겪더라도 오뚝이처럼 다시 시도할 수 있는 강인한 인내심으로 무장해야 한다. 모험스포츠처럼 뭔가를 이루었을 때 느끼는 성취감은 말로 표현할 수 없다.

셋째, 뻔뻔함이다.

시장에서 일하려면 쭈볏거리는 기생오라버니 같은 성격의 소유자라면 일단 사절이다. 시장이 어떤 곳인가. 양복 대신 앞치마 두르고 이것저것 닥치는 대로 치다꺼리를 하는 곳이다. 생선 한 마리도 맘껏

주무르지 못한다면, 무거운 쌀 푸대를 어깨에 걸머질 강단이 없다면
감히 발 딛고 서있기 힘든 곳이다. 그런 거친 곳에서 손에 물 한방울
안 묻힌 사람처럼 행동했다가는 기획은커녕 사람대접도 못 받는다.
더욱이 기획자라면 대부분이 젊게 마련인데, 시장에서 잔뼈가 굵고
모든 인생을 다 바친 어르신 상인들과 상대하려면 젊은 친구들을 만
나는 것처럼 해서는 안 된다. 오지 말라고 해도 또 다시 찾아가 아버
님, 어머님이라고 부르며 넉살좋게 얼굴을 디밀 수 있는 '뻔뻔함'이
있어야 한다. 만나야 소통이 되고 기획이 되는 것이지 만나기조차
할 수 없다면 시장문화기획자로서는 부적격이다.

넷째, 제너럴리스트가 되어야 한다.

사람은 흔히 스페셜리스트와 제너럴리스트로 나눌 수 있다. 스페셜
리스트란 말 그대로 특정 분야의 전문가이다. 반면 제너럴리스트는
특정 분야에 대해 해박한 것이 아니라 이것저서 잡학다식한 사람을
일컫는다. 시장문화기획자는 잡학다식한 사람일수록 좋다. 시장에
서 일어나는 다양한 일들에 대해 알아야 하기 때문이다. 다만 어느
분야에 어떤 전문성이 필요한지 알아내는 안목이 중요하다. 필요한
전문성은 빌리면 된다. 혼자 모든 걸 다 전문적으로 할 수는 없다.
시장문화기획자는 전문가라기보다는 코디네이터이기 때문이다. 적
재적소에 필요한 사람과 일을 잘 안배하는 능력이 중요하다. 그렇다
면 특정 분야에 대한 전문적 지식보다는 두루두루 다 잘 아는 상식
이 풍부한 사람이 적합하다.

공주산성시장에서 기획 중인 필자.

다섯째, 리더십이다.

다양한 연령층과 생각들이 모여 있는 시장에서 어떤 일을 추진한다는 것은 정말 쉬운 일이 아니다. 내 경험에 비추어 보더라도 한 사람이 찬성하면 다른 사람이 반대하고, 그 반대하는 사람을 겨우 설득해놓으면 또 다른 반대자가 나오고…반대자 설득하다 날 새는 경우가 많다. 그럴 땐 정말 왜 이 일을 하는지 근본적인 회의가 들 때도 솔직히 있다. 그러나 모든 사람을 다 설득하는 것이 최선이겠지만 어느 세월에 그 많은 사람들을 설득할 것이며, 설득의 가장 중요한 요소인 모두가 만족하는 기획안이 나올 수 있겠는가. 사실 불가능하다. 그렇다고 기획한 행사를 그만둘 수도 없는 진퇴양난의 상황. 이때 돌파할 수 있는 가장 중요한 힘은 시장문화기획자의 리더십이다.

여기서 리더십은 '시장리더십'이다. 이 시장리더십은 학문적으로 정립된 것이 아니라 내 경험에 근거해 내가 붙인 이름이다.

우리가 리더십 하면 으레 생각하는 것이 앞에서 진두지휘하는 모습이다. 갖가지 어려운 학문적 요소로 포장하지 않고 설명하면, 리더가 앞에서 외치면 모두 따라가는 것이 아닌가 싶다. 앞에서 이끄는 사람을 모두 따라가게 하는 덕목이 바로 리더십이라 할 수 있다.

그런데 시장리더십은 앞에서 이끌면 안 된다. 오히려 그 반대다. 뒤에서 미는 리더십이어야 한다. 어른들을 앞에 놓고 내가 이렇게 할 테니까 따라오시오 하면 물론 잘 호응해주시는 분들도 있고, 그렇지 않은 분들도 있을 거다. 하지만 뒤에서 잘 가도록 밀어준다면 안 가겠다고 버티는 것이 아니라 어느 정도 관성이 붙으면 저절로 간다. 아이들에게 두발자전거를 가르쳐본 사람은 안다. 처음에는 잡아주다가 어느 정도 기술을 몸으로 익히면 잡았던 손을 놓아도 넘어지지 않고 가는 것처럼 말이다.

그리고 시장리더십은 개별 플레이가 아니라 공동체적 정신을 부각시키는 리더십이어야 한다. 아울러 주체성을 인정해주는 리더십이어야 한다. 흔히 리더들이 범하기 쉬운 실수가 자기가 잘났으니까 너희들은 무조건 나를 따라오면 성공해 하는 일방통행식 리더십이기 십상이다.

하지만 시장리더십은 그러면 오히려 배가 산으로 간다. 산으로 가기도 전에 좌초한다. 따라서 쌍방통행식으로 늘 소통하면서 상인으로서의 정체성을 느낄 수 있는 리더십이 발휘되어야 한다.

아울러 모든 사람들을 한 그릇에 담아낼 수 있는 큰 포용성의 리더십이 요구된다. 상인들 개개인의 마음이 모두 다르기 때문에, 이를 하나의 마음으로 조종하고 엮어내야만 추진하는 프로젝트가 진행이 가능하고 나아가 성과를 기대할 수 있게 되는 것이다. 그렇다고 늘 다수결의 원칙에 따른 리더십만 발휘된다면 언제나 소수 의견을 가진 사람들은 소외되기 마련이다. 따라서 어느 한쪽을 견인하기보다는-때로는 필요할 수도 있지만-양쪽을 통합하는 리더십이 요구된다. 과연 양자통합이 가능하기나 한가 하겠지만 이는 인내심을 가지고 통합해내는 지혜가 필요하다.

어떻게 보면 리더라기보다 자식 같은 입장의 참모로 접근해야 한다. 그래서 혹자는 리더가 아니라, 책에서 이런 말 써도 되는지 모르지만 이보다 더 적합한 표현을 찾지 못해서 쓰면, '시다바리'가 아닌가 싶다. 뒷치다꺼리를 하는 사람으로 생각할 수도 있다. 다만 일정 부분 성과를 보여주기 시작하면 이때는 앞에서 설두하는 리더의 리더십이 발휘되어야 한다.

그래서 시장에서는 수직적 개념이 아닌 수평적 리더십이 매우 중요하다. 상인들 개개인이 다 동등한 가게의 사장들이기 때문에 위아래의 개념으로 접근하면 낭패 보기 십상이다. 그래서 자신을 낮출 줄 아는 리더십이 요구되는 것이다.

또한 시장문화기획자는 어찌 보면 시장의 상인회를 넘어 시장의 밑그림을 그리고 실질적인 이념과 정책을 만들어낸다는 점에서 강한 신념과 방향감각을 가지고 있어야 한다. 그래야 상인들이 믿고 지속적으로 나아갈 수 있게 만들 수 있기 때문이다.

여섯째, 수익성에도 밝아야 한다.

사실 나를 비롯해 지금 시장문화기획자로 활동하는 사람들 대부분이 재능기부 차원에서 일하는 경우가 많다. 행사가 있을 때마다 일정 수고비나 교통비를 받는 것에 만족하는 현실. 하지만 그건 아니다. 생계 문제에 대한 걱정이 없어야 일에 전념할 수 있다. 지금 대부분의 시장문화기획자 활동은 특정 프로젝트 수행을 위한 것이다. 하지만 앞으로는 각 시장에 상주하는 직원의 개념으로 발전해야 한다. 그래야 장기적이고 본질적으로 시장문화를 가꿀 수 있기 때문이다. 해서 1시장 1시장문화기획자가 가장 이상적인 것이지만 현실적으로 전통시장들이 일정 급여를 주면서까지 시장문화기획자를 채용할 수 있는 상황은 아니다. 따라서 1명의 시장문화기획자가 주변의 서너 개 시장을 한 단위로 묶어 기획하도록 하는 것도 하나의 방안이 될 수 있다.

그런데 이 문제는 각 시장들의 열악한 재정상황을 감안하면 정부의 적극적인 정책적 배려가 요구된다. 상인회에서 시장문화기획자를 고용한다면 임금 등을 지원하는 정부의 정책이 나왔으면 좋겠다. 그럼 전통시장이 훨씬 문화적인 시장이 될 것임은 틀림없고, 그런 모습으로 고객들과 소통할 때 점점 살아나지 않을까 싶다. 이건 무리한 요구가 아니라고 본다. 요즘 청년실업자 문제가 사회문제가 되면서 웬만한 인턴십에도 임금을 지원하는 것으로 안다. 전국의 전통시장이 1,500개다. 상당한 청년일자리를 만들 수 있는 아이디어 아닐까. 그러면서 전통시장도 살리고. 일석이조, 누이 좋고 매부 좋은 정책이다.

시장문화기획자의 역할

시장문화기획자란 도대체 누구이고, 어떤 사람이 하면 좋은지에 대해 알아봤으니, 이번에는 도대체 무슨 일을 어떻게 해야 하는지에 대해 알아보는 것이 순서가 아닌가 싶다.

시장문화기획자는 시장의 문화를 가꾸는 사람이다. 그렇다면 자신이 작업해야 할 시장의 문화를 어떻게 가꿀 것인지, 이 문화를 통해 시장을 어떻게 활성화할 것인지를 전반적으로 디자인하는 것이 가장 기본적이고도 중요한 임무이다.

따라서 시장문화기획자는 구체적인 프로그램을 진행하기에 앞서 자신이 작업할 시장의 현재 모습과 상황에 대해 정확하게 진단하는 일부터 시작해야 한다. 시장 내에 가용할 수 있는 인적 물적 인프라가 어떤지를 파악한 후 그 가용한 인프라를 전제로 프로그램이 기획되고 진행되어야 한다는 것은 기획에서는 ABC에 해당한다.

그러나 많은 경우 시장의 현주소에 대해서는 관심을 두지 않고 곧바로 미래를 얘기하며 다른 시장에서 성공했던 프로그램부터 진행한다. 결과는 글쎄다. 가까운 예로, 못골시장에서 시작해 소위 대박을 터트린 '못골온에어' 같은 라디오방송의 경우, 전국의 많은 전통시장들이 따라 한다. 심하게 말하면 전통시장 활성화 프로그램 하면 무조건 1순위로 채택될 만큼 인기 있다. 그러나 성공하는 경우가 그렇게 많지 않은 게 현실이다. 어떤 시장은 외부의 전문 DJ가 와서 진행하기도 하고, 어떤 시장은 처음의 의욕이 금방 시들해져 방송장비들이 먼지만 뒤집어쓰고 있기도 하다. 이는 자신들의 시장 상황은 고려하지 않은 채 성공한 프로그램이니까 당연히 히트 칠 줄 알고 시행했던 결과다. 특히 대부분의 전통시장 문화 가꾸기 사업은 지원사업이라는 점을 감안하면 지원서 작성을 위해서라도 시장의 현 상황에 대한 조사는 필수이다. 시장에 대한 조사는 어떻게 하는지 문전성시 때 배운 것을 토대로 설명해보겠다.

첫째, 지역 환경과 자원에 대한 기초 조사를 한다.

시장이 자리 잡고 있는 지역의 역사적 특성과 지리적 자원들을 시작으로 지역인구, 지역경제와 산업특성, 소비특성 그리고 지역의 문화자원, 지역의 관광자원, 관광객 현황 등을 조사한다.

이어 시장의 기본적인 특성과 현황을 조사하는데, 인근시장 및 지역의 상권 분석, 시장의 역사와 풍습, 시장 내 혹은 시장 주변의 문화적 전통, 시장과 연계될 수 있는 지역 내 관광시설, 여행지, 문화유산 그리고 주민 문화, 복지, 예술 등과 관련된 시장 내 시장 주변의 문화 공간 존재여부를 조사한다. 시장사업과 연계할 수 있는 주변의 인적자원에 대한 파악도 해야 한다. 참여 가능한 지역의 민간단체 및 예술단체 현황, 시장에 인접한 주민, 상인가족 등의 상황, 복지관, 평생학습관, 주민센터, 청소년수련시설 등 시장 주변의 공공시설과 문화시설, 학교, 대학, 연구기관 등 인적 물적 자원이 연결될 수 있는 지역 내 기관 등이 여기에 해당한다.

이 정도의 시장 현황은 지원 사업에 응모하든지 말든지 관계없이 시장문화기획자라면 으레 훤히 알고 있어야 할 기본적인 자료이기도 하다. 이런 것을 모르는 상태에서 아무리 좋은 기획을 한다고 해도 기획이 현장 속으로 들어가기보다는 겉돌기 십상이다. 그건 기획만 좋을 뿐 효과는 없는 공염불에 불과하다.

둘째, 지원 사업 응모를 대비해 조사한다.

지자체나 발주처와 관련한 사항은 물론이거니와 도시계획이나 가로정비계획, 조경 환경정비사업, 각종 공사계획 등에 이르기까지 꼼꼼하게 체크해야 한다. 특히 지원하고자 하는 프로젝트의 여러 가지 성격과 계획, 여타 지원 사업 현황 등도 챙겨봐야 할 필수 사항이다.

셋째, 시장의 역사와 현황을 조사한다.

새로운 시장문화를 가꾸고자 하는 대상시장에 대한 이력과 신상에 대한 조사이다. 내가 생각하기엔 이 조사가 가장 중요하다고 본다.

우선 시장의 개설일자, 등록행태 등 시장의 개요부터 조사하고, 면적과 점포 수 등 시장규모, 주류업종 등 시장의 특성을 파악한다. 종사자와 상인조직 현황을 비롯하여 상인회 유무, 가입률, 주요 활동을 알아본다. 매출액과 이용객 수 등 영업현황은 물론 △소유와 임대 등 부동산 현황 △빈 점포 현황 및 재개발 여부 △주차장, 휴게 공간, 화장실, 아케이드 등 시장 내 편의시설 현황 △홍보, 마케팅, 택배 서비스, 점포디자인, 상인대학 등 경영현대화 현황 △시장의 유형(건물형, 장옥형, 골목형 등) △시장의 공간구성 △건물과 시설 형태 △도로 및 골목 인접 여부도 체크해야 한다. 또한 경쟁시장이나 인근 대형 유통 상가의 존재 등 상권분석을 비롯하여 역세분석, 인구 밀집 및 이동, 교통 접근권 등 지역 내 시장 위치를 조사한다.

넷째, 상인들의 의견을 청취한다.

이는 상인들이 현재 진행하려고 하는 문화 프로젝트에 대해 어떻게 생각하고 있는지, 이에 관한 어떤 의견이 있는지 등을 파악한다. 특히 상인회를 통해 시장의 고민거리와 장애, 극복해야 할 문제, 발전 방향에 대한 의견 청취는 필수이다. 이때 개별상인과 인터뷰를 통해 욕구들을 심도 있게 파악할 필요가 있다. 자칫 상인회 집행부의 의견만 청취했다가 나중에 상인 개개인들의 반대와 문제 제기에 부닥치는 경우가 없지 않기 때문이다. 아울러 상인회 의견과 개인의 의견 간에 차이가 있을 수 있다는 점을 감안하면 균형 있고 객관적인 문제점 파악을 위해서도 개별 상인에 대한 파악은 매우 중요한 접근이다. 또한 인근

소통이 최선이라는 생각에서 양평 물맑은시장 상인들과 이야기를 나누고 있는 필자.

주민들을 통해 주민들이 보는 시장의 매력이나 시장에 대한 요구사항, 시장 단골 소비자들의 시장 만족도, 개선사항, 기대사항, 관광객이 보는 시장의 이미지, 장점과 호감도, 불편요소와 문제점 등의 파악은 상인들이 미처 보지 못했던 점을 찾아내는 데 아주 요긴하다.

사실 이 작업은 시장문화기획자가 감당해야 할 몫은 아닐 수 있다. 시장문화기획자의 역할은 대부분 어떤 프로젝트가 진행된다면 그 프로젝트 안에서 다양한 사업들을 기획하고 집행하는 역할을 하기 때문이다. 그럼에도 여기서 굳이 문전성시의 프로젝트 전체 차원에서 해야 할 일을 시장문화기획자의 일로 설명한 것은 진정한 시장문화기획자는 외부의 작업이 아니라 시장 자체적으로 시장활성화 프로젝트를 진행하는 사람이라는 점에서 이런 마인드가 기본적으로 요구되기 때문이다. 궁극적으로 시장문화기획자의 역할은 문전성시의 PM(프로젝트 매니저)의 역할까지로 확대돼야 하지 않나 싶어서다.

다섯째, 작업시장의 콘셉트를 정한다.

시장문화기획자는 이렇게 상세한 시장과 주변 상황에 대해 조사한
자료의 분석을 통해 일단 작업시장의 시장문화를 어떻게 할 것인지
콘셉트부터 정한다. 못골시장의 경우 '문화를 통한 상인들의 삶의
질 향상과 커뮤니케이션 개발'이 시장활성화의 목표였다.

여섯째, 프로그램을 기획한다.

이렇게 콘셉트가 정해지면 다양한 사업의 기획이 이어진다. 대형 프
로젝트라면 여러 팀원들의 회의와 아이디어 캐치를 통해 다양한 프
로그램들이 개발된다. 또 시장활성화 작업이 어느 정도 진행된 상황
이라면 프로젝트팀은 철수하고 이제 시장에 소속된 시장문화기획자
가 그동안의 작업에서 좋은 것은 살리고 새로운 것을 개발한다는 생
각에서 프로그램 기획을 해야 한다.

이때 시장문화기획자는 너무 시장 자체에만 매몰될 필요가 없다.
주변의 상황을 통해 어떻게 시장과 주변이 소통할 것인가에 관심을
두고 아이디어를 짜는 것도 한 방법이다. 서울 서촌에 가면 통인시
장이 있는데, 요즘 통인시장에서는 도시락 먹기 열풍이 불고 있다.
이유인 즉은 시장 안에 여러 반찬가게들이 있다는 점에 착안하여 고
객이 5천 원을 내고 도시락을 받아서 먹고 싶은 반찬을 골라 먹을 수
있는 소위 '도시락 카페' 때문이다. 이 아이디어는 몇날며칠 뭘 할까
고민한 결과가 아니라 기획자가 상인들과 밥을 먹을 때 상인들이 한
가지씩 반찬을 가져온 것에 착안하여 상품으로 기획하였다는 것이

다. 그런데 대박이다. 점심시간마다 점심 메뉴 정하기로 고민하는 직장인들의 고충을 생각하면 히트성은 충분히 잠재돼 있었다. 메뉴 고민없이 먹는 백반집이나 간이 뷔페식당이 인기를 끄는 것을 보면 알 수 있다. 다만 그걸 끄집어내지 못했기 때문이다. 이렇듯 잠재적 히트 아이디어들은 무궁하다. 바로 여기에서 시장문화기획자의 동물적 촉수가 진가를 발휘하는 것이다.

일곱째, 사업계획서와 실행계획서를 작성한다.

자, 이제 사업에 대한 구상까지 하였다면 실행을 위한 구체적인 사업계획과 실행계획서를 작성해야 한다. 실제 사업을 실행하기 위해서는 체크해야 할 것이 한두 가지가 아니다. 예산에서 인력까지 모든 게 어려운 일들이다. 하지만 시장문화기획자는 모든 가능한 상황을 놓고 치밀한 시나리오를 작성해 실행에 옮겨야 한다. 또한 실행이 없는 기획은 공허하다. 따라서 기획 아이디어는 실행가능성에 무게를 두고 만들어져야 함은 기본이다.

여덟째, 사업 결과보고서를 작성한다.

그리고 사업이 끝나면 반드시 보고서를 작성한다. 회계보고는 당연하지만 사업의 성과까지 평가하여 좋았던 점과 아쉬웠던 점 등을 상세하고 구체적으로 정리하여 자신은 물론 다른 시장문화기획자들이 늘 참고할 수 있도록 해야 한다.

전통시장 활성화를 위한 4C

전통시장이 활성화되기 위해서는 여러 가지 요인들이 복합적이고 유기적으로 작용하여야 한다. 어느 특정 분야의 한 요소만으로는 기대하는 성과는 고사하고 동력을 만들어내기도 어렵다. 물론 여러 요인들이 잘 조화를 이룬다고 해서 우리가 기대하는 시장활성화가 반드시 이루어지는 것 또한 아니다.

지금 전국에서 많은 전통시장들이 예전의 활력을 되찾고 지역의 소통과 문화의 중심 역할을 하던 기능을 회복하기 위해 안간힘을 쓰고 있다. 그런데 어떤 시장은 나름대로 성과를 내고 있는 데 반해 그렇지 못한 시장도 꽤 있다. 물론 아직 성과가 나지 않은 시장에 대해 너무 성급한 기대감에서 시장활성화가 일어나지 않는다고 할 수도 있다.

그렇다면 시장활성화라는 대명제를 성공적으로 수행하기 위해서는 무얼 어떻게 해야 할까?

지금 여기서 이 물음에 대해 답을 찾아보려고 하는데, 본격 얘기에 앞서 한 가지 부탁할 것은 이걸 혹시 정답으로들 오해하지 않았으면 한다. 내가 얘기하는 방법이 만약 만병통치약이라면 모든 시장에 적용하면 그만이다. 하지만 이 방법 역시 그렇지 못하다는 것은 나보다 독자들이 더 잘 알 것이다. 다만 내가 그동안 시장 작업을 통해 얻었던 경험을 바탕으로 나름 성과를 낸 시장들의 프로세스를 종합해본 결과 이런 콘셉트로 접근했을 때가 그래도 성과가 좋았던 경험의 산물이라는 점을 미리 밝히고 싶다.

시장이 활성화하기 위해서는 '4C'가 단계적으로 자극하며 영향을 미칠 때 기대하던 시장문화가 형성된다고 본다.

4C는 **커뮤니케이션**(Communication)-**커뮤니티**(Community)-**콘텐츠**Contents)-**컬쳐**(Culture)의 영문 머리글자를 딴 것으로 지금까지 이 책에서 수차례 얘기했던 것을 일목요연하게 정리한 것이라고 볼 수 있다.

시장이 활성화되려면 무엇보다 시장에서 장사하는 상인들이 먼저 바뀌어야 한다는 점을 강조했었다. 그렇다. "상인이 변해야 시장이 산다"고 해도 크게 틀리지 않을 만큼 시장활성화의 열쇠는 상인이 쥐고 있다.

그런데 이 상인들의 변화의 출발은 바로 소통이다. 소통이 뭔가. 쉽게 설명하면 사람들과 두루두루 잘 통하는 것, 상인과 상인, 상인과 고객, 그리고 나아가 고객과 고객들 간에 시장을 사이에 두고 활

소통과 공유가 만들어내는 콘텐츠가 문화를 만들어 시장 활성화의 힘이 된다.

발한 소통이 이루어진다면 일단 시장활성화의 가능성에는 파란신호등이 켜진 셈이다.

바로 이 소통을 만들어내는 것이 **커뮤니케이션**이다. 커뮤니케이션이란 말이나 몸짓 등으로 서로의 의사나 감정을 주고받는 것을 말한다. 커뮤니케이션의 어원이 'Communicare'라는 라틴어라고 하는데, '공유한다' 또는 '함께 나눈다'는 의미라고 한다. 그렇다. 사람들이 서로 자신이 갖고 있는 생각이나 감정을 서로 나누는 것이 바로 커뮤니케이션인 것이다.

적절한 예인지 모르지만 서로 앙금이 깊게 쌓인 두 사람이 있다고 치자. 이 둘을 화해시키기 위해서 서로 술부터 한 잔 하도록 한다. 술잔이 오고가면서 두 사람은 가슴속에 담아두었던 것들을 쏟아낸다. 이 과정에서 서로에게 얽힌 응어리와 오해를 풀고 과거의 반목 질시의 관계를 청산하고 애초의 모습을 복원함과 동시에 과거보다 발전적인 인관관계를 만들어나간다.

인간관계가 틀어지는 경우의 대부분은 소통이 잘못돼서 빚어지기 쉽다. 시장이란 공간도 마찬가지다. 시장의 진정한 모습을 잃고 변형된 기이한 모습으로 고객들과 만나기 때문에 고객들의 발길이 당연히 멀어지게 된다. 더욱이 상인들 간에도 이해관계에 따라 남들이 보기에 민망할 정도의 사이도 있다. 그런데 이런 모습들이 그냥 덮어진 채로 있다면 몰라도(그것도 시장의 침체된 모습으로 나타나지만) 툭하면 고객들이 보건말건 언성 높여 싸우기까지 한다.

그런 점에서 시장에서 커뮤니케이션은 우선 상인들 간에서부터 시작하여 고객에게까지 넓혀 나가면서 활성화시킨다면 하나의 이야기가 또 하나의 이야기를 만들어내면서 커뮤니케이션이 활발하게 일어난다.

이런 활발한 커뮤니케이션이 가능하게 되면 마음에 맞는, 또는 기호가 같은 상인들끼리 작은 소모임을 만들어 함께 동고동락할 수 있는 기반이 형성된다. 즉 **커뮤니티**(Community)를 만들 수 있는 것이다. 커뮤니티를 굳이 사전적으로 풀면 "일정한 지역이나 공간에서 공동체 의식을 가지고 생활하는 사회 조직체"이다.

우리 못골시장이 활기를 띠게 만든 원동력 중 하나가 나는 커뮤니티, 즉 동아리 활동이라고 말하곤 한다. 장사하면서 동아리 활동을 한다는 것은 쉬운 일이 아니다. 장사하느라 지친 심신을 뉘이고 싶지 모임에 나가 활동한다는 건 부담이 백배이다. 하지만 이런 동아리 활동이 지친 심신을 풀어주고 오히려 에너지를 충전하는 활력소라는 사실까지는 인식하지 않는 것 같다. 나 역시 못골시장에서 1주일에 한 번씩 라디오 DJ로 활동했었는데, 장사하면서 방송 준비하는 시간은 정말 고되지만 1시간동안 방송을 하고 나면 언제 그랬냐 싶게 스트레스가 확 풀려 있음을 발견한다. 어느 순간 그 1시간이 내겐 1주일을 버티게 해주는 에너지충전제였다.

이렇게 커뮤니케이션을 통해 다양한 커뮤니티가 형성돼 활동하면서 자연스럽게 생성되는 것이 **콘텐츠**(Contents)이다. 지금은 거의 보통명사로 그냥 콘텐츠라고들 쓰는데, 쉽게 우리말로 하면 '내용물' 아닌가.

커뮤니티 활동을 통해 시장다운 시장의 콘텐츠가 만들어진다. 가령, 못골시장의 커뮤니티 '만원으로 하는 요리 교실'이 만든 레시피 같은 것이 대표적인 사례이다.

이렇게 시장에서 일어나는 일거수일투족들이 하나의 콘텐츠로 재탄생되면서 많은 사람들의 입에 회자되고 그 정보를 공유하고 나누는 일이 점점 잦아지면서 큰 흐름을 형성한다.

이 콘텐츠는 실생활에 바로 쓰일 수 있는 유익함과 실용성을 겸비한 것이고, 또 다른 콘텐츠를 만들어내는 데 중요한 밑반찬 역할을 한다는 점에서 남다른 의미를 지닌다.

그런데 이런 과정들이 최종적으로 모여 만들어내는 것이 바로 **문화**(Culture)이다. 우리 시장문화기획자들이 지향하고자 하는 목표의 종착점인 것이다.

시장문화는 여러 가지 면에서 중요한 역할을 한다. 한번 떠올려 보자. 한산시장 하면 자연스럽게 '모시'가 떠올려지고, 마포시장 하면 '마포나루', 못골시장 하면 '라디오DJ' 등등 이렇게 형성된 시장문화는 그 시장의 얼굴이 되고 이념이 된다.

사람들이 서울 동대문시장에 장보러 가는 이유가 먹거리를 사러 가는 것이 아니다. 옷을 사러 간다. 그리고 밤늦게 간다. 이런 것들을 동대문시장만이 갖는 독특한 문화가 만들어낸 풍속도다.

문화의 중요성은 동대문시장에 오는 사람들이 밤늦은 시간에 문을 연다고 불평하지 않는다는 점이다. 우리 시장의 경우 가게 문을 조금만 늦게 열어도 난리치는 고객들이 동대문시장에 대해서는 왜 그렇게 관대할까. 그건 동대문시장만의 문화의 힘이다.

전주 남부시장의 청년몰만 해도 그렇다. 그곳에서는 다양한 문화적 즐길거리가 있어서 그런 문화를 찾는 사람들은 그곳에서 무슨 프로그램이 열리는지 스스로 꼼꼼히 체크하고 그곳으로 발길을 옮긴다. 문화가 고객을 끌어오는 힘인 것이다.

그래서 우리 전통시장들이 각기 나름의 독특한 시장문화를 만든다면 시장활성화는 이루어진다. 다만 조심스런 것은 많은 사람들이 성공한 시장의 프로그램을 자신의 시장에 그대로 이식하려고 한다는 점이다. 그럴 경우 백전백패이다. 큰 줄기의 기획적 요소는 참고 하더라도 완전히 자신들의 시장 상황에 맞게 작업해야 한다. 시골 정취가 나는 시장의 성공담을 도시의 시장에 적용한다고 하면 갓 쓰고 도포 입고 자동차 운전하는 모습과 다를 바 없다.

여하튼 문화의 힘은 크다. 이 문화를 창출하기 위해 무엇을 어떻게 해야 할까를 고민한다면 시장활성화는 이루어질 것이고, 예전의 기능에다 지금 시대가 요구하는 또 다른 기능까지 갖춘 21세기형 전통시장으로 환골탈퇴하지 않을까 싶다.

전통시장 탈바꿈 위한 3단계 전략

전통시장은 거듭나야 한다. 지금 상태로 두면 서서히 고사할 수밖에 없다. 점포나 아케이드, 주차장 같은 하드웨어적인 부분은 물론이거니와 상품과 상인들의 마인드까지 어느 것 하나 쓰나미급 파워를 가진 경쟁자들과 경쟁하기에는 역부족이기 때문이다.

그러나 이 전통시장이 정말 우리 사회에서 퇴출되어야만 할까. 그건 아니라는 데 모두 동의할 것이다. 그래서 정부나 지자체에서 나름 지원정책을 활발히 추진하면서 전통시장의 복원을 위한 발걸음이 빨라지고 있다.

그런데 문제는 전국 1,500여개의 전통시장 모두에게 이런 지원 프로그램의 손길이 미치지 못한다는 점이다. 그렇다면 지원받지 못한 나머지 시장의 운명은?

하지만 전통시장은 지원을 받지 못하더라도 그냥 앉아서 고사할 수는 없는 일, 그렇다면 자발적으로 살기 위한 작업에 나서야 한다. 그래서 시장문화기획자들의 역할이 요구된다. 지원 프로그램이 가동된다면야 자연적으로 이런 사업들을 맡은 시장문화기획자가 있겠지만 사실 문제는 그렇지 않은 시장들이다. 그래서 시장문화기획자가 프로젝트 수행 중에만 존재하는 것이 아니라 시장에 상주하면서 전체적인 시장문화를 창조하고 가꾸는 일을 해야 한다고 보는 것이다.

그렇다면 시장 내 상주하는 시장문화기획자 입장에서 자신이 작업할 시장의 문화를 가꾸기 위해 어떤 그랜드 디자인을 해야 할까.

앞에서 시장문화기획자가 하는 일에 대해 알아보았다. 그렇다면 이런 일들을 잘 수행하여 성공적으로 문화를 창출하려면 어떤 전략을 써야 할까, 하는 것이 이번 꼭지의 고민이다. 나는 크게 3단계 전략이 필요하다고 본다.

1단계, 상인의 의식을 개혁한다.

의식 개혁이라는 말이 사람들의 생각을 필요로 하는 사람의 입맛에 맞게 바꾼다는 의미여서, 누가 맘대로 사람의 의식을 바꾸냐며 부정적으로 생각하는 사람들이 많다. 동의한다. 그러나 여기서 말하는 의식개혁은 개인의 생각의 자유에 간섭하여 바꾸자는 것이 아니다. 그래서 '개혁'보다는 '회복'이라는 의미가 들어있다. 그렇다. 그 치열했던, 그러나 지금은 잃어버린 '상인의식'을 다시 찾는 일부터 해야 한다. 많은 상인들이 의기소침해 있다. 장사를 해도 예전 같지가 않아 신명이 나지 않는다는 것이다. 그러니 상인의식이 발동하기는 커녕 만사 귀차니즘과 방관이 지배하는 상황이 되었다. 그럼에도 '개혁'이라고 하는 것은 예전의 상인의식이 지금 시대와 호흡하기 위해서는 바꿀 요소도 있기 때문이다.

시장을 구성하는 3대 요소라면, 상인과 상품 그리고 고객이라고 할 수 있다. 상인이 없는 시장은 존재하지 않는다. 무인판매도 가능하지 않느냐고 할지 모르지만 무인판매를 위한 상품 진열이나 계산 과정 등 모든 프로세스는 상인의 손길에 의해 구성된다. 그러니 엄밀히 말해 판매하는 그 순간만 무인일 뿐이다.

어느 조직이나 가장 핵심적인 주체가 움직이지 않으면 그 조직은 죽은 거나 마찬가지다. 따라서 시장에서 가장 주체적인 요소인 상인이 어떻게 하느냐가 사실 시장의 미래를 좌우하는 가장 중요한 상수라는 점을 인식해야 한다.

그럼 상인이 어떻게 변해야 할까.

가장 중요한 것은 무엇보다 내 자신이 상인이라는 주체성과 정체성을 회복하는 일이 급선무다. 많은 상인들이 입으로는 나는 장사꾼이라고 하면서도 어느 순간 장사꾼 기질을 상실한 것 또한 부인할 수 없는 현실이다. 장사꾼 기질이란 게 뭔가. 거창한 게 아니다. 내 식대로 정리하면 상인이라면 물건을 볼 줄 알아야 하고, 물건을 팔 줄 알아야 하고, 이익을 낼 줄 알아야 한다. 가장 기본적인 역할과 기능의 회복이다. 그런데 이 기본적인 장사꾼 기질을 발휘하기 위해서는 무엇보다 내 자신이 장사꾼이라는 주체성과 정체성이 정립되어야 한다. 입으로만 장사꾼이지 몸으로는 장사꾼이 아닌 사람들이 많다. 그렇다면 껍데기만 장사를 할뿐 몸과 마음이 장사를 하는 것이 아니다. 고객은 영리하다. 건성으로 하는 장사와 온몸으로 하는 장사를 분명하게 구분해낸다. 다음 거래로 이어지는 경우가 어떤 경우인지에 대해서는 따로 설명이 필요 없으리라.

그래서 상인 자신이 내가 누구인지를 알아보는 작업을 진행할 필요가 있다. 못골시장 문전성시사업단에서도 가장 먼저 한 것이 미술 놀이를 통해 상인들의 자아 찾기 프로그램이었다. 처음에는 이게 무슨 도움이 될까, 하고들 의아해 했지만 이 과정을 통해 다양한 효과가 만들어졌다. 우선 자신이 장사꾼이라는 정체성을 확인하고 정립하여 주체적인 장사꾼으로 거듭나면서 상인들의 마음가짐 자체가 바뀌었다. 귀차니즘과 방관, 좌절이라는 단어가 저절로 시장에서 퇴출됐다. 아울러 할 수 있다는 자신감이 생겨나기 시작했다. 이런 반전의 힘이 다음의 작업에서 어떤 결과를 낼지는 말하지 않아도 짐작하는 대로다. 흔히 '하면 된다' 정신이 발휘되면 그 어떤 어려움도 극복된다. 이런 긍정의 힘이야 말로 전통시장 활성화의 원동력이다.

2단계, 커뮤니티를 구성한다.

상인들의 변화된 의식들이 시장 활성화에 실질적인 힘으로 작용할 때 비로소 목표하던 시장 활성화가 이루어진다. 그런데 시장이라는 공간은 개별 상인의 변화만으로 활성화를 기대하기엔 무리가 있다. 상인들이 하나로 뭉치는 연대의 힘이 있어야 추진력이 생긴다. 그 연대의 힘을 만들어내는 동력이 바로 커뮤니티다.

커뮤니티는 한 마디로 말하면 작은 공동체라는 의미인데, 우리가 흔히 말하는 동아리를 연상하면 된다.시장에는 다양한 생각과 기호를 가진 사람들이 모여서 산다. 이들은 때로는 화합으로 때로는 불협화음으로 시장을 시끌벅적하게 만든다. 그런데 불협화음이 더 많은 게 현실이다. 하지만 장사가 안되기도 하거니와 경쟁하는 관계이다 보니 서로의 반목과 질시가 더 강하게 작용하는 게 인지상정이다. 그러다보니 시시때때로 불협화음이 일어난다.

그러나 이 불협화음은 단순히 개인들의 감정싸움에만 머무르는 것이 아니라 시장 전체의 이미지에 결정적인 영향을 미친다.

그래서 나는 시장탈바꿈의 전제가 상인들의 화합이다. 혹 화합이란 말에서 일사분란한 한줄서기를 생각할지 모르지만 그건 아니다. 다양한 의견들이 표출되되 그 의견들을 날선 말로 비방하지 않고 진정한 마음으로 되새겨서 필요한 건 받아들이고 불필요한 건 받아들이지 않는 성숙된 커뮤니케이션 문화가 요구된다.

이러기 위해선 무엇보다 상인들 간의 신뢰가 형성되어야 한다. 그런데 어느 날 갑자기 아무런 계기도 없이 신뢰가 형성된다는 것은 쉽지 않다. 그래서 상인들 간의 이해와 신뢰를 쌓고 친목을 도모하기 위해서는 기호와 욕구가 맞는 사람들이 모여 작은 커뮤니티를 만들어 활동하는 것이다. 노래가 좋은 사람은 합창단이나 밴드 같은 동아리에 참여하여 연습하는 과정에서 회원들과 자주 만나 서로의 속내를 털어놓다 보면 자연스럽게 신뢰가 쌓이고 친목이 다져진다. 이렇게 만들어진 커뮤니티들은 저마다 강한 추진력을 발동한다. 이런 커뮤니티들이 뿜어내는 다양한 힘들이 모여 결국 시장을 탈바꿈시키는 원동력으로 작용하는 것이다.

그래서 나는 시장에 작업하러 가면 가장 중점적으로 진행하는 기획 중의 하나가 커뮤니티 구성이다.

3단계, 문화를 입힌다.

귀차니즘과 방관 내지는 남의 일 보듯 하던 상인들이 자신이 장사꾼이라는 정체성을 분명하게 인식하고 주체적 상인으로 거듭나면서 시장의 시설도 불편함을 덜 수 있도록 개선됐다면 이제 남은 것은 새롭게 정립하고자 하는 시장문화를 만드는 작업이다. 요즘 흔한 말로 하면 소프트웨어다.

시장문화라 함은 궁극적으로 넓은 의미의 문화, 시장의 모습이다. 그렇다면 시장에 대한 다양한 분석을 통해 어떤 시장으로 거듭날 때 사람들의 입에 회자되고 또 사람들의 발길이 이어지고 결국 시장이 활성화될 수 있을까에 초점이 맞춰진 콘셉트를 정했을 것이다. 이제 이 콘셉트를 보다 명확하게 하고 나아가 시장을 상징하는 트레이드마크로 만들기 위한 작업을 해야 한다. 바로 문화 입히기 작업이다.

못골시장의 경우, 이야기가 있는 전통시장이라는 콘셉트를 달았다. 콘셉트의 한 가운데를 관통하는 '이야기'―상인들의 삶의 이야기는 BI든, 못골온에어든, 상점 이야기 간판이든 모든 시장문화를 형성하는 이념 같은 것이었다.

그래서 이 '이야기'를 매개로 상인과 상인, 상인과 고객이 소통하는 소재가 되고, 그 소재는 또 다른 이야기를 만들어내며 못골시장의 문화로 승화되었다.

　문화는 곧 약속이기도 하다. 밤 늦은 시간 마트에서는 떨이세일을 한다. 이는 마트의 문화가 되면서 곧 고객들과 무언의 약속이 된다. 따로 몇 시에 떨이세일을 한다고 예고를 하지 않았어도 어쩌다 그 상황과 만나고 그런 상황에서의 쇼핑에 만족하고 그 만족은 그 시간에 마트로 향하게 만든다. 물론 그 시간에 내가 원하는 품목이 떨이세일을 안 한다고 해서 아쉽기는 하지만 불만이 되지는 않는다. 이유는 간단하다. 떨이세일이란 건 그날 다 못 팔 것 같은 물건만을 대상으로 한다는 사실을 알고 있기 때문이다. 그래서 그 고객은 다음에도 마트의 떨이세일을 기대하며 밤늦은 시간 마트로 핸들을 돌린다. 이게 문화의 힘이다.

　물론 이렇게 얘기하면 너무 추상적인 문화 얘기가 아니냐고 반문할지도 모르겠다. 그럴 줄 알았다. 그래서 지금부터는 좁은 의미의 시장문화에 대해 말하려고 한다.

　시장노래자랑, 윷놀이대회, 가래떡 뽑기, 떡뫼치기…등 문화행사는 참 많다. 문화관광부 문전성시사업단에서 내놓은 책을 보면 전통시장에서 할 수 있는 대표 프로그램으로 99가지나 소개하고 있다.

　이 책을 참고해도 된다. 내가 보기에 아마도 이 책에 나와 있는 프로그램이면 지금까지 생각해낼 수 있는 아이디어들은 거의 나온 것 같다. 따라서 아이디어가 없어서 프로그램을 진행하지 못하는 경우는 없을 것이다. 중요한 것은 이들 프로그램에서 아이디어를 빌린다

해도 이걸 자신이 활동하는 시장에서 어떻게 적용할까 하는 점이다.

　바로 여기에 시장문화기획자의 번득이는 기획력과 아이디어가 힘을 발휘한다. 이 프로그램은 일반적인 것이라고 보면 된다. 이걸 자신의 시장에서 실행하려면 여러 가지로 따져봐야 한다. 시장의 상황과 행사의 목적을 따져 프로그램을 선택하여, 자신의 시장에서 실행하기 위한 프로그램 리모델링 작업을 구체적이고 실효성 있게 해야 한다. 그래야만 실패하지 않는다. 다른 시장에서 인기를 끌었던 프로그램이라고 해서 우리 시장에서도 성공하리라는 보장이 없다. 물론 많은 시장문화기획자들은 이 점을 알고 있다. 그럼에도 그런 기획들을 따라하는 우를 범하는 것은 '안전성' 때문이 아닌가 싶다. 다른 시장에서 대성공이라면 우리 시장에서는 대성공은 아니더라도 성공은 할 수 있겠다는 보증 같은 것이기 때문에 안전한 프로그램을 선택한다. 그러나 나는 그런 선택을 절대로 반대한다. 그런 방식의 프로그램 진행은 행사는 매끄럽게 잘 진행되었을지라도 감동이나 특색 있는 프로그램으로 승화되지 못한다. 해서 나는 또 하나의 프로그램이 아니라 새로운 프로그램을 주문하고 싶다. 혹시 앞에서 말한 99선 안에 있는 것 말고 새로운 것을 요구하는 것 아니냐고 한다면 솔직히 그게 최선이고, 그렇지 못해 99선에서 프로그램을 차용하더라도 우리 시장에 맞는 프로그램을 선택하라고 권하고 싶다.

　시장문화기획자는 시행착오를 두려워해서는 안 된다. 시장의 문화가 순탄하게 저절로 형성된다고 여긴다면 큰 착각이다. 시장문화는 숱한 시행착오의 결과물이다.

단 하나, 내가 여기서 확실하게 말할 수 있는 위안이 있다. 사실 시장의 행사를 바라보는 대부분의 사람들의 시선은 프로를 뺨치는 전문성을 요구하지 않는다는 점이다. 아마추어리즘을 최대한 발휘한 것이면 만족한다. 가령 라디오 DJ 같은 경우 전통시장에서 '전문 DJ'가 방송하는 것이 오히려 이상하다. 그래서 전문 DJ가 아니라 상인이 DJ로 나설 경우 성공할 확률이 높다. 그렇기 때문에 최악만 아니라면 어떤 행사도 치를 수 있다. 이건 시장문화기획자에게 시행착오를 맘대로 해보도록 주어진 특권이다.

다만 시장에 문화를 입힐 때 일관성 있게 콘셉트를 유지해야 한다. 많은 시장에서 실패하는 것은 다른 시장의 인기 프로그램의 종합구성으로 하기 때문이다. 이건 시장의 문화를 만드는 것이 아니라 일회성의 즐기는 프로그램을 진행하는 것에 불과하다. 물론 관객들은 상관없다. 재미있게 즐기면 되는 것이니까. 그러나 시장문화기획자 입장에서는 일관성 있는 메시지가 없으면 다음 기획에 대한 고객들의 기대치를 만들지 못하고 계획된 날에 꼭 와서 보고 싶은 이벤트가 아니라 지나가다 어쩌다 마주친 행사가 되기 십상이기 때문이다.

따라서 문화는 약속이라는 말을 명심할 필요가 있다. 저 시장에 가면 저런 문화를 만날 수 있으리라는 기대감을 만들어주고, 실제 시장에 와서 그 기대감을 충족한다면 일단 성공이다. 바로 이런 걸 가능하게 하는 것이 시장문화이고, 이 시장문화를 만드는 사람이 바로 시장문화기획자이다.

시장문화 기획의 5가지 포인트

시장문화를 기획하는 목적 중 가장 중요한 것은 시장의 활성화이다. '활성화'라는 말을 '장사가 잘되게 하는 것'으로 이해해도 크게 틀리지 않는다. 어떤 시장문화를 창출하더라도 궁극적으로 지향하는 바는 결국 장사가 잘 되어 상인들이 안정된 삶을 유지하고, 또 고객들은 질 좋은 상품을 싸게 살 수 있게 만드는 것이다.

그런데 우리가 지금 고민하는 것은 거두절미하고 곧바로 장사 얘기만 하여서는 절대로 성공하지 못한다는 실패학의 경험을 거울삼아 새로운 접근을 시도하려고 하는 것이다.

시장활성화를 위한 장사적 접근은 정부나 관련 기관에서 관심을 갖기 훨씬 이전부터 상인들이 먼저 시도해봤던 전략이다. 뭘들 안 해봤겠는가. 하루하루가 다르게 장사가 안 되는데, 그냥 손 놓고 바라만 보고 있을 상인이 어디 있겠는가. 다들 나름대로 자신의 노하우와 다른 사람들의 경험담, 또 다른 시장에서의 성공사례 같은 것을 열심히 찾아서 자신의 장사에 접목시키려고 했다. 그래서 어떤 상인은 성공하기도 했을 것이다. 하지만 대부분이 헛수고에 그쳤고, 결국 시장은 사람들의 발길이 뜸한 공동화 현장으로 전락하고 있다.

왜 그랬을까. 앞에서도 말했지만 온갖 수단을 다 써 봤어도 죽어가는 시장은 꿈쩍도 하지 않았다. 살아날 기미는커녕 상황이 점점 더 나빠질 뿐이다. 내가 보기에 그 이유는 아마도 대부분이 상인 개인의 고민과 실천에 그쳤기 때문이라고 생각한다. 혼자서 아무리 용 써도 시장 자체가 적막강산이라면 어떤 고객이 물건을 사러 그 시장에 오겠는가.

그렇다면 이제 남은 답은 하나다. 시장 상인들의 개인적 노력으로 안 되었다면 그 다음 남은 방법은 개별 상점이 아닌 시장 차원에서 문제 해결에 나서야 한다. 바로 내가 얘기하려는 시장문화기획의 핵심 5대 포인트는 여기에 있는 것이다.

첫째, 시장공동체를 회복하라.

앞에서도 말했지만 시장 안에 있는 개별 점포들의 노력만으로는 한계가 있다. 시장 전체의 분위기가 다운돼 있는데, 그 안에 있는 가게 하나에게로만 사람들의 관심이 몰리지 않는다. 더더욱 그 가게가 다른 경쟁 가게들과 비교하여 엄청나게 좋은 조건을 갖고 있다면 오히려 그 반대 현상도 일어날 것이다. 왜 줄서서 먹는 유명 음식점이 있으면 그 식당을 중심으로 여러 식당들이 옹기종기 모여 하나의 특정

좋은 기획을 위한 회의는 필수. 청년기획자들과 회의하는 필자.

음식촌을 형성하듯이 말이다. 그런데 너무도 잘 알다시피 시장의 가게라는 곳이 대부분 우리나라 어디든 가면 살 수 있는 상품들을 취급하고 있고, 그런 상품이 시장 전체의 분위기를 바꿀 만큼 위력적이냐 하면 그 점에 대해서는 회의적이다. 그렇다면 결국 답은 개별 점포가 아닌 시장 전체가 움직여야 하는 것이다.

그런데 많은 상인들은 개인일 뿐이라는 생각을 갖고 있다. 내 가게에서 내가 장사하는데, 누가 감 놔라 팥 놔라 하느냐는 것. 또한 개별 경쟁이기 때문이 같은 물건을 취급하는 경쟁가게는 물론 이웃 가게와 이런저런 갈등 때문에 적잖은 실랑이를 벌이느라 스트레스 팍팍 받는다.

그건 시장 공동체 의식이 없기 때문이다. 모두 같은 시장에서 비록 장사는 개별로 하지만 각각이 모여 하나의 큰 시장을 만들었다고 생각하면 개인주의가 만능이 아님을 알 수 있다.

우리가 매일 타고 다니는 자동차를 예로 들어보자. 자동차는 수만 가지 부품으로 이루어져 있다. 그런데 수만 가지 부품 중 한 가지라도 고장이 나면 자동차는 운행을 멈춘다. 마찬가지다. 개별 점포는 자동차의 부속품처럼 시장에서 없어서는 안 될 존재다. 만약 그 가게가 없다면 그 시장은 물론 자동차처럼 그런 운행중단 사태는 안 일어나겠지만 뭔가 부족하다는 인상을 주게 되고 결국 시장 전체의 분위기에 안 좋은 영향을 끼치게 된다. 그 시장에 가면 원하는 것 뭐든 다 구할 수 있는 시장과 군데군데 이가 빠진 것처럼 구할 수 없는 제품이 있는 것과는 고객들에게는 하늘과 땅 만큼이나 차이가 있어 보인다. 정확한지는 모르지만 내가 듣기로는, 국내 최고 최대의 오프라인 서점이 처음 문을 열 때 모토가 대한민국에서 나오는 모든 책을 취급한다는 것이었다고 한다. 이 모토는 사람들에게 아무리 구하기 힘든 책도 그 서점에 가면 살 수 있다는 믿음을 심어주어 서점이 성공하는 데 크게 기여했다는 후문이다. 그렇다. 시장도 마찬가지라고 생각한다. 마트처럼 한 점포에서 모든 물건을 취급할 수 없는 한계를 각각의 점포들이 일정 부분씩 맡아주면서 시장 전체가 하나의 종합 마트를 형성하는 것이다.

그래서 공동체의식은 '시장'이라는 공동체를 위한 것으로 보이지만 궁극적으로 개별 상점들의 역할과 사명을 더 강화시켜준다. 예전처럼 혼자 하는 것보다 더 큰 개별 점포의 역할이 요구되는 것이다.

이는 다양한 형태로 상인들의 마인드를 자극한다. 가까운 예로 오늘 장사를 하루 쉬고 싶어도 중간에 뭉턱 이 빠진 것처럼 가게 문을 닫아놓고 있으면 다른 가게는 물론 시장 전체에 나쁜 이미지가 끼칠까봐 주저하게 된다. 이건 그만큼 책임의식도 강화시켜주는 효과가 있는 것이다.

아울러 고객들은 무슨 시장으로 장보러 간다고 하지 무슨 시장의 무슨 가게로 장보러 간다고 하지 않는다. 결국 공동체 의식의 회복이야말로 시장활성화의 출발점인 것이다. 그래서 시장문화기획자는 시장문화를 기획할 때 기획 포인트의 맨 앞자리에 시장의 공동체정신 회복에 두어야 한다.

둘째, 과거와 현재를 퓨전시켜라.

사람들은 전통시장에 가서 마트 같은 인상을 찾지 않는다. 또 마트에 가서 백화점 같은 분위기를 생각하지 않는다. 그렇다면 시장은 시장다워야 하고, 마트는 마트다워야 하고, 백화점은 백화점다워야 한다고 생각한다.

이 점을 시장문화기획자의 상식과는 좀 생뚱맞지만 서예를 하는 어머니에게서 어깨 너머로 들었던 논의의 한 구절로 설명해보면, 논어에 보면 "군군신신부부자자(君君臣臣父父子子)"라는 말이 있다. 공자가 제(齊)나라 경공(景公)이 묻는 질문에 답한 내용인데, 해석하면 "임금은 임금다워야 하고 신하는 신하다워야 하고 아비는 아비다워야 하고 자식은 자식다워야 한다” 이런 말이다. 여기서 장황하게 이 말의 의미를 되새기는 것은 주제넘은 일이라 그만두고, 내가 아는 이 말의 참뜻만 얘기해 보겠다. 나는 이 말의 의미를 ‘분수를 지켜라’라는 것으로 이해한다. 분수란 뭔가. 자신의 본분을 지키는 것. 그렇다면 시장의 본분은 뭔가. 백화점인가, 아니면 마트인가. 아니다. 시장이다.

바로 여기에 시장문화 기획의 중요한 포인트가 있다. 시장은 시장다워야 한다. 전통시장에 백화점 인테리어를 한다고 해서 고객들이 대단하다고 할 것 같은가. 천만의 말씀이다. 우리가 상식적으로 생각하는 시장의 모습을 할 때가 가장 시장다운 것이다.

다만 여기서 조심해야 할 것은 시대적 변화에도 예전 시장모습을 고수해야 하는가 하는 점이다. 그건 아니다. 시장이 박물관이라면 모든 것에서 예전 모습을 간직하는 것이 중요하다. 하지만 시장은 박물관이 아니다. 현재를 숨 쉬는 생활공간이다. 그렇다면 지리산 청학동과 같은 시장다움을 유지한다고 해서 제 기능을 발휘하며 활성화 되는 건 아니다. 당연히 시대적 변화에 발맞추어야 한다. 가령 요즘 남녀노소 누구나 스마트폰을 이용하고 있음에도 옛날 시장다워야 한다고 이런 것과 외면한다면 어떨까. 그건 아니다.

그래서 나는 시장문화를 기획할 때 이런 시장다움과 현대적 트렌드를 과감하게 퓨전하여야 한다고 생각한다. 여기서 한 가지 조심할 점은 퓨전이라고 해서 무조건 뒤섞어서 이것도 아니고 저것도 아닌 문화를 만들어서는 안 된다. 중요한 것은 시장다움은 시장다움대로 계승하고, 새로운 트렌드는 새로운 트렌드대로 만들어서 때로는 개별로, 또 때로는 서로 교차하면서 시장문화를 형성하게 해야 한다.

셋째, 참여를 통해 보람을 느끼게 한다.

시장문화 기획에서 또 신경 써야 할 부분은 상인이든 고객이든 호응이다. 호응이 없는 행사는 정말 시간 낭비, 돈 낭비, 노력 낭비…낭비만 있을 뿐 생산적이지 못하다. 또 시장문화 형성에서 호응은 또 다른 행사의 기획을 가능하게 하고 지속적인 일을 가능하도록 만들어주는 추동력인 동시에 하나하나 문화의 결로 쌓이는 것이기 때문에 매우 중요한 요소이다.

물론 기획한 행사에 처음부터 상인이든 고객이든 많은 사람들이 관객으로 참여하지는 않는다. 해서 나도 처음에는 솔직히 상인들이나 친구들을 동원해(?) 썰렁한 분위기만큼은 면해보려고 무진장 애썼다. 우리가 전혀 모르는 동네에 가서 맛있는 음식점을 찾을 때 흔히 쓰는 방법, 사람들이 많이 있는 식당을 찾아 들어가듯 행사도 마찬가지다. 참여자나 관객이 많을 때 또 다른 호기심과 관심을 불러일으키고 이게 결국 많은 사람들의 열띤 호응을 가져오는 것이다. 그래서 좀 왜곡되기는 하지만 내가 관객 동원의 유혹을 떨치지 못했던 이유이기도 하다.

다만 이런 호응을 만들어내기 위해서는 우선 참여자들이 신명나게 즐겨야 한다. 특히 상인들이 행사의 참가자가 되어 즐겁게 신명나게 즐기면 관객들도 덩달아 즐겁기 마련이다. 물론 처음부터 그런 반응을 기대하기에는 다소 무리가 있더라도 첫술에 배부르지 않는 다는 점을 감안하여 하나 둘 차근하게 접근할 필요가 있다.

또한 기획에 자신이 있으면 언젠가는 기대 이상의 관객들이 몰려와 열띤 호응으로 보답해줄 것이다. 아울러 참여자들이 이 행사를 통해 보람을 느낄 수 있도록 해야 한다. 보람이 없는 참여는 일회성이고 그 일회성은 해봐야 뭐 별일 없는데 하는 냉소주의를 만들어낼 뿐이다.

넷째, 사람들의 입에 회자시켜라.

기획한 프로그램이 두고두고 사람들의 입에 회자된다면 이보다 성공한 프로그램은 없을 것이다. 끝나는 순간 무슨 프로그램이었는지 사람들의 기억에서 사라진다면 그것처럼 속상하는 일은 없을 것이다. 하지만 기획자 입장에서 현실은 그렇지 않다는 데 어려움이 있다. 따라서 기획할 때 참여자나 관객들의 니즈를 정확하게 파악하는 것이 중요하다. 특히 기획자 입장에서 관객의 입장만 고민하게 되면 결국 참여자인 상인들이 소외되는 것이 되기 때문에 지속적인 동력을 만들어내는 데 한계가 있다. 관객은 이번에 오고 다음에 안 오면 다른 사람들로 채울 수 있지만 참여자는 다르다. 상인이 아니면 누군가가 채워야 하는데, 시장 밖에서 초빙해서 하는 행사가 무슨 의미가 있겠는가. 물론 인기 연예인이 온다면 화제야 만들어내겠지만 시장에서 매번 인기 연예인을 동원해서 행사할 수는 없는 노릇. 그리고 또 아마추어리즘에도 어긋난다. 죽이 되든 밥이 되든 상인이 중심이 되어야 지속성을 담보하고 또 점점 발전하는 모습으로 진화할 수 있는 것이다.

그렇다면 이런 전제들을 마음에 새겨두고 기획에 임해야 한다. 못골시장의 이야기 간판의 경우가 대표적인 사례인데, 하나의 아이디어가 계속 다른 이야기를 창조해내는 확대재생산 구조였다. 이 확대재생산 구조의 핵심은 사람들의 입에 회자되는 것이다. 이야기 간판을 보고 궁금한 고객이 그 이유를 묻고 이유에 대해 상인이 답하면서 자연스럽게 소통이 되고, 다음에 와서 그 다음 변한 것이 없느냐는 질문이 이어지고 상인은 변한 것에 대해 신나게 얘기하고. 그럼 그 고객은 다른 사람들한테 못골시장 무슨 상점에 갔더니 이런 게 있더라고 얘기할 테고, 그렇게 하나둘 퍼지면서 입소문이 커지는 것이다.

다섯째, 미디어의 관심을 끌어라.

앞에서 사람들의 입에 회자되도록 하자는 얘기를 했는데, 이번 미디어 활용 포인트도 그 개념의 연상선상에 있다.

현대는 홍보 광고의 시대라고 한다. 아무리 좋은 기획이라도 홍보나 광고가 이루어지지 않아 제대로 알려지지 않으면 성공하기 어렵다. 가장 기본이 되는 관중 동원에 가장 큰 기여자가 바로 홍보 광고인데, 바로 이런 홍보나 광고의 가장 강력한 채널이 신문이나 방송, 잡지, 인터넷 같은 미디어들이다.

특히 미디어에 기사로 다루어진다면 돈 많이 들여서 한 광고보다도 훨씬 효과적이다. 따라서 기획할 때 언론이 기사로 다루어줄 수 있는 요소는 어떤 것이 있을까에 대해 고민해야 한다.

그래서 언론의 속성에 대해서 미리 알아두는 것이 좋다. 언론은 새롭고 특이한 것을 좋아한다. 말 그대로 뉴스 즉 새로운 것을 중심으로 다루는 미디어이니까 당연히 새로운 것이면 일단 관심을 갖는다. 우리 몽골시장이 특별히 언론의 주목을 받았던 것은 여러 요소가 있겠지만 처음 시작하는 문전성시 사업이라는 점이 크게 한몫했다. 처음 접하는 프로젝트였던 것이다.

또 특이성도 중요하다. 몽골시장의 라디오 프로그램이 크게 언론의 주목을 끌었는데, 전통시장에 라디오 방송이 등장했다? 이건 너무 특이했다. 아무도 상상할 수 없는 의외성이 돋보였다. 그럼 언론들은 이게 뭐야 하고 관심을 갖는다.

또 시의성도 있다. 시기적으로 어떤 흐름에 잘 부응하는 타이밍이라면 언론은 관심을 갖는다. 가령 명절 때, 명절과 관련한 이벤트를 한다면 언론은 명절에 관한 기사를 고민하는 가운데 그런 기획을 만나면 당연히 관심을 갖는다.

물론 기획의 과녁이 언론이 아님은 분명하다. 자칫 언론의 입맛에 맞는 방식의 기획으로 전락하는 경우가 많은데, 이러면 절대로 안 된다. 언론은 어디까지나 구경꾼이다. 다만 구경꾼인데 일정부분 역할을 해줄 수 있는 구경꾼이다. 따라서 이들을 중심에 놓고 하는 것이 아니라 앞에서 말했던 포인트에 초점을 맞춰야 한다. 그러면서 언론에도 관심을 끌 수 있도록 하는 것이어야 한다.

　이렇듯 시장문화 기획을 할 때 어떤 점에 주안점을 두고 해야 하는지는 기획의 성공과 지속성을 위해서는 매우 중요하다. 그냥 돈만 잔뜩 들여 일회성 행사를 기획한다면 누구나 한다. 그러나 우리는 시장문화기획자이다. 시장문화기획자다운 기획으로 승부해야 하지 않은가.

시장문화기획자의 7가지 행동지침

전통시장에서 시장문화기획자로 살아가려면 말 한 마디도 행동 하나도 세심한 신경을 쓰지 않으면 안 된다. 물론 전통시장이라는 현장은 특별한 격식도 특별한 예의도 필요 없어 보일 수도 있다. 살 부대끼며 아웅다웅 살아가는 현장에서 굳이 어떤 규정 같은 것을 의식하며 지내야 하는지에 대해 이의를 달 사람도 있을 것이다.

한편으로 그 말에 동의한다. 좋게 말하면 서로서로 격의 없이 허물없이 지낸다는 것일 터 그보다 더 좋은 인간관계가 또 있을까 싶다. 하지만 이런 사이가 그냥 함께 지내기만 한다고 해서 형성되는 것은 아니다. 시쳇말로 미운정고운정 모두 겪으면서 인간적인 소통이 바탕이 되었을 때 비로소 가능한 것이다.

그런데 시장문화기획자는 대부분이 외부에서 시장으로 들어간 경우이기 때문에 처음부터 이런 관계를 형성한다는 건 불가능에 가깝다. 시장의 텃새가 우리의 상상을 초월한다. 보통 외지에서 시장에 들어와 자리 잡기까지 3년이 걸린다고 한다. 나만 하더라도 시장에서 자랐기에 정말 너무도 당연하게 빨리 자리 잡게 되리라 했는데, 막상 장사를 시작하니까 상황이 달랐다. 1년은 족히 걸렸던 것 같다.

그렇기에 시장문화기획자라면 어떤 자세로 행동해야 하는지 그 요령이 필요하다. 내 경험에 비추어보면 7가지 정도 신경 써야 할 부분이 있다. 특히 시장문화기획자들은 시장에서 함께 동고동락했던 동료상인이기보다 외부에서 온 젊은이일 가능성이 크다. 그래서 더 더욱 이 행동요령은 필요하다. 어쩌면 시장문화를 기획하고 집행하는 것보다도 더 중요할지도 모른다. 이런 행동이 바탕이 되어야 기획도 집행도 다 성공할 수 있기 때문이다.

첫째, 무조건 들어라.

시장문화기획자들이 저지르기 가장 쉬운 것 중 하나가 남의 말을 듣기보다 내 말을 하려고 하는 경향이 있다. 물론 시장문화기획자 입장에서는 시장에 문제가 있고 그 문제를 문화라는 콘셉트로 활성화시키려는 입장을 갖고 있기 때문에 기존의 모든 문화는 일단 수거의 대상으로 본다. 더욱이 자신이 기획한 새로운 문화가 더 산뜻하게 돋보이게 하려면 일단 과거의 문화를 부정하고부터 보게 된다.

다른 분야에서는 그럴지 모르지만 시장문화는 다르다. 시장문화는 과거의 역사와 전통을 오늘에 되살려 발전적 계승을 해야 하는데에 기본 콘셉트가 있기 때문이기도 하다. 그러려면 과거의 전통과

시장문화기획자에게는 잘 듣고 솔선수범하는 자세가 요구된다.

문화에 대해 알아야 한다. 그걸 알기 위해서는 자료를 찾는 일 못지 않게 상인들과의 커뮤니케이션을 해야 가능하다.

그런데 상인들의 얘기를 듣다보면 시장문화기획자 입장에서는 저건 아닌데 싶은 얘기들이 너무 많다. 그럴 때면 내가 굳이 저 의미 없는 얘기까지 들어야 할까 하고 생각하기 쉬운데, 그렇더라도 인내심을 갖고 내 의견을 말하지 않고 듣는 자세가 요구된다. 상인들은 고객들의 일방적 주인행세에 자존심이 많이 상해있는 경우가 많아서 들어주는 것만으로도 상당부분 점수를 딸 수 있다. 또 이들의 살아온 얘기 하나하나가 지금은 쓸모없어 보일지 몰라도 나중에 기획할 때 보면 다 알토란같은 정보들이다.

둘째, 겸손하라.

시장문화기획자는 한없이 자신을 낮추는 자리다. 시장에서 장사하는 상인들 중 상당수는 인생의 쓴맛단맛 다 본 경우가 많다. 그런데 대부분 단맛보다는 쓴맛을 본 후 시장으로 들어온다. 그렇기에 사실 마음에 큰 상처가 남아있는 사람들이다. 피해의식도 유달리 강하다, 그럼에도 장사하면서 사실 그 상처가 치유되기보다는 더 덧나 있는 경우가 많다. 고객들에게서 부대끼면서 무시당하고 어떤 때는 동료 상인과 언성을 높이기도 하면서 마음에는 돌덩이 같은 무거운 것을 담고 사는 사람들이다. 늘 피해만 보고 살았지 이익을 보고 살았던 경험이 적다.

그런데 어느 날 갑자기 시장문화기획자라는 젊은이가 와서 잘난 체하며 이렇게 해라 저렇게 해라 하면, 설령 그 일이 내게 큰 이익을 가져다준다 해도 일단 네가 뭔데 하는 반발심부터 발동한다.

더욱이 생전 남의 말처럼 생각하던 '기획'이란 거창한 낱말을 써가며 상인들에게 접근하면 상대적으로 못 배웠다고 무시한다고 생각하는 경우까지 있다. 물론 이런 것들이 전혀 의도하지 않았기도 하거니와 털끝만큼도 그런 마음이 없었기에 시장문화기획자들로서는 억울할 수 도 있다.

그러나 어느 집단에나 있는 텃새로 생각하고 그 텃새를 극복하기 위해서 어떻게 해야 하는지는 잘 알 것이다. 이런 표현이 어떨지 모르지만 때론 마음에 없는 알랑거림으로 다가가는 것도 요령이다. 한 번 화끈하게 터놓으면 그 다음부터는 걸림돌이 없다. 그래서 늘 자신을 낮추고 상인들과 커뮤니케이션 하는 자세가 필요하다. 그런 점에서 나는 시장에서 자란 탓에 상인들 모두를 아버지 어머니로 부르면서 다가가기 때문에 정말 허물없이 지낼 수 있다. 시장문화기획자에게 이보다 좋은 강점은 없을 것이다.

셋째, 솔선수범하라.

어느 집단이나 기획자가 솔선수범해야 다른 사람들이 자발적으로 순조롭게 호응해준다. 솔선수범은 따로 설명하지 않더라도 꼭 필요한 덕목이라는 것은 다 알고 있음에도 굳이 여기에서 언급하는 것은 특히 전통시장에서의 솔선수범의 영향은 크게 작용한다. 대부분의 상인들이 어떤 일을 하기 위해서는 장사에 직, 간접적으로 영향을 미치기 때문에 나는 안 하면서 너만 하라고 하면 설득력이 없다.

상인들 대부분 부부 간이나 가족들이 가게를 꾸리는데, 그 중에 가장 중요한 대들보가 시장일 때문에 장사 시간에 가게를 비워야 한다고 생각해보라. 쉬운 일이 아니다. 따라서 시장문화기획자는 이 점을 십분 감안하여 기획하되 실행할 때는 상인들에게 모범이 되도록 먼저 실행하는 모습을 보이는 것이 좋다.

좀 과장된 예일 수 있지만 내 경험에 의하면, 우리 못골시장 입구에 있는 작은 무대에서 음악공연을 하던 날이었다. 직원들도 모두 제몫을 하느라 눈앞에서 보이지 않았다. 나는 평소대로 장비를 갖고 무대로 향했다. 그런데 그날따라 대형장비 일색이어서 혼자 옮기기가 쉽지 않았다. 하지만 난 혼자 옮기기로 하고 그 큰 장비를 끌고 시장길로 나섰다. 내가 낑낑대는 모습을 보고 야채가게 아저씨가 도와주시더니만 옮겨 놓고도 가게로 가지 않고 계속 무대 세팅을 도와주셨다. 내가 남들에게 동정심을 유발한 것이 아니지만 자발적으로 이렇게 도와주는 것은 평소 어떤 일에도 내가 솔선수범 하던 것을 익히 알고 있기에 저 녀석이 하는 일은 도와야 한다는 마음이 저절로 나오는 것이라고 나는 생각한다. 솔선수범의 힘은 이렇게 크다.

넷째, 공동체의식을 발현하라.

시장문화기획자들이 시장에서 생활하면서 특히 조심해야 할 것은 편 가르는 행동은 절대 해서는 안 된다. 나와 마음이 맞고 친한 상인들과 그렇지 않은 상인들이 확연하게 구분지어진다면 그건 시장문화기획자로서 자격 미달이다.

시장문화 형성 작업은 개인이 아닌 공동체가 이루어야 하는 과제다. 그래서 공동체 의식이 무엇보다 중요하다. 그 이유에 대해서는 앞에서 누차 반복하여 설명했으니까 여기서는 생략하기로 한다. 그런데 시장문화기획자들도 일반적인 인간관계에 빠지다보면 자신을 칭찬하는 사람을 좋아하게 되고, 비판하는 사람은 싫어하게 마련. 그러나 이런 인간관계를 형성한다면 시장문화를 형성하기 전에 상인문화 자체가 망가진다.

시장문화기획자 입장에서는 자신과 친한 사람에게는 소홀해도 관계 유지에 크게 지장이 없다는 측면에서 오히려 반대자들을 끌어안는 전략을 구사하는 것이 성공적 공동체의식 발현에 도움이 된다. 그러는 과정에서 반대자들도 찬성자들도 모두 한데 어우러져 원하는 시장문화를 형성하는 데 힘을 모은다면 성공은 당연하다.

그래서 상인들의 공동체의식을 회복하는 프로그램도 많이 기획하여 실행함으로써 상인들 간에 쌓인 앙금을 하나하나 거둬내는 역할이 무엇보다 중요한 시장문화기획자의 몫이다.

다섯째, 디렉팅보다는 코디네이팅하라.

시장문화기획자라면 자신이 프로그램의 기획자라는 입장에서 디렉터가 되기 십상이다. 물론 디렉터인 것은 맞다. 그러나 디렉터로서 군림을 하는 것이 아니라 상인 간, 상인과 고객 간 등등 모든 요소에서 코디네이터 역할에 더 방점을 찍어야 한다. 소위 전문적인 문화기획사에서 하는 기획이라면 때로는 일사분란한 진행을 위해 수직적 디렉터의 역할이 더 효율적일 수 있다. 시장 프로젝트에서도 마찬가지다. 하지만 시장의 프로그램 대부분은 전문가 뺨치는 수준을 요구하는 것이 아니라 아마추어리즘에 입각한 참여와 실천에 초점이 맞춰진다. 따라서 모든 관련 요소와 참여자 간의 원활한 소통과 참여를 위한 코디네이팅 역할이 디렉터의 역할보다 더 필요하게 된다. 또한 이 문제는 앞에서 얘기한 겸손과도 일맥상통한다. 상인들에게 군림하는 것처럼 보이면 그날로 시장문화기획자로서의 자리는 없어진다.

여섯째, 네트워크를 조직하라.

모든 일을 혼자서 다 처리한다고 생각하면 오산이다. 아무리 다방면에 해박하고 뛰어난 자질과 경험을 가진 시장문화기획자라 하더라도 모든 걸 다 잘 할 수는 없다. 또 그럴 필요도 없다. 가령 내가 음악 전문가라면 아무래도 기획에 음악적 요소가 지나치게 들어가게 되고 그럼 전체적인 균형보다는 자신의 취향에 좌우되는 경우가 많다. 시장문화기획자는 두루두루 아는 제너럴리스트여야 하지 특정 분야를 깊게 아는 스페셜리스일 필요가 없는 것도 그런 이유다. 다만 주변의 다양한 사람과 집단과 네트워크를 형성해 협업하는 구조로 하는 것이 좋다. 이는 단순히 일을 함께 한다는 의미를 넘어 시장의 일을 지역의 일로 확대하는 전위대 구실을 하기 때문이다. 이 집단들이 또 자신들이 갖고 있는 더 외부와 네트워킹을 하면서 시장의 외연이 확대되는 효과가 있기 때문이다.

일곱째, 반드시 평가하라.

흔히 행사가 하나 끝나면 그걸로 끝이다. 이 행사가 성공했는지 실패했는지 하는 것은 술자리 안주감에 불과할 뿐이다. 하지만 시장문화기획자라면 다른 건 몰라도 행사 이후 활동에서 결산보고서만큼이나 중점을 두어야 하는 것이 바로 사후 평가이다. 냉정하게 기획 단계에서부터 준비, 행사까지 전 과정을 평가하는 평가보고서를 작성한다. 이 평가보고서는 자신을 위한 것이기도 하지만 향후 다른 기획자들이 참고할 중요한 자료 역할을 하기 때문이다. 시장문화의 생명은 지속성이다. 그런 점에서 행사 하나하나가 갖는 의미는 남다를 수밖에 없다. 성공한 행사는 계속 새 버전으로 거듭나면서 이어지고, 실패한 행사는 과감하게 새로운 기획에게 자리를 내어주고 하는 시스템을 만드는 데는 평가보고서가 결정적인 역할을 하고 또 시행착오를 줄여주는 기준이 되기 때문이다.

이 밖에도 시장문화기획자에게 요구되는 행동지침은 많다. 하지만 대부분이 상식적인 수준에서 요구되는 것들이다. 물론 여기서 강조한 7가지도 상식적인 범주의 것들이다. 문제는 이런 지침들이 알고 있는 상식이지만 실천하지 않는다는 데 있다. 따라서 이 지침들은 그럴 듯 하게 포장하기 위한 것이 아니라 반드시 실천하는 습관으로 만들어야 한다.

시장문화기획자 활동의 6가지 걸림돌

이 땅에서 시장문화기획자로 살아간다는 것은 결코 쉬운 일이 아니다. 얼핏 보기엔 행사를 기획하고 진행하는 일을 하여서 나름 화려하고 보람이 있을 줄로 아는데, 보람은 크지만 생각만큼 화려하지는 않다. 멋진 무대에 대한 평가가 정작 주연배우에게만 스포트라이트가 맞춰지고 무대 뒤에서 무대가 성공적으로 이루어지기 위해 노력한 스태프에겐 아무 관심이 없는 것처럼.

물론 그런 스태프로서의 대접은 그렇다손치더라도 작업하는 과정은 물론 시장문화기획자로서의 입문과정에서 겪게 되는 여러 가지 걸림돌 또한 극복해야 할 과제이다. 이 과제는 생각보다 세다.

첫째, 주변의 무관심이다.

시장문화기획자가 아무리 좋은 기획을 하여도 사실 주변에서는 무관심하기 일쑤다. 어떤 분야에서건 내 일이 아니면 시큰둥한 반응을 보이는 것은 당연하지만 특히 시장이란 공간은 더 심한 것 같다.

하기야 지금 코앞의 장사가 더 급하지 나중에 할 행사에 정신이 갈 리 없다. 그 점은 이해한다. 그러나 문제는 나중에 신경을 쓴다고 하더라도 저녁에나 시간을 낼 수 있는 상황, 그렇지만 하루 종일 장사하느라 이땐 이미 몸이 파김치가 되어 만사 귀찮다. 그렇다고 시장 밖 사람들과 이야기할 수도 없는 노릇. 하지만 무슨 수를 쓰더라도 상인들과 머리를 맞대고 기획을 함께 나누어야 한다.

반대보다 무관심이 더 넘기 힘든 벽이다. 상인들은 시장에서 무슨 행사를 한다고 하면 우선 바쁜데 쓸데없는 일을 만든다는 반응이다. 효과가 있어야 얼마나 있다고 분주하게만 한다고들 지청구다. 그러나 이런 무관심을 극복하고 함께 어우러져 행사를 성공적으로 치러내면 상인들의 마음은 보다 적극적으로 바뀐다. 효과를 두 눈으로 확인한 경험에서 오는 기대감 때문이다.

둘째, 가족의 극심한 반대이다.

가족들의 반대는 특히 내 경험에서 보면 생각보다 넘기 어려운 큰산이었다. 나는 시장에서 행사가 열리면 무조건 쫓아다녔다. 그러니 가게에서는 누군가가 나의 빈자리를 메워야 하는데, 그게 하루이틀도 아니고 장사를 전폐하다시피 해야 할 상황이 비일비재한 터였다. 그러니 어떤 가족이 반대하지 않겠는가.

특히 나는 너무 열심히(?) 문전성시 일을 하다 쓰러지기까지 했

시장일 하느라 늘 가게를 비웠던 필자가 모처럼 장사하는 모습.

다. 반대는 더욱 거세졌다. 장사도 못하고 건강도 해치고, 이런 상황에서 누군들 시장일 한다고 좋아하겠는가. 다행히 나는 병원에 입원해 있을 때 거의 모든 시장 상인들이 문병 와서 진정으로 함께 안타까워하는 것을 보고 오히려 아내나 부모님이 마음을 바꾸는 계기가 되었다. 시장에서 필요한 존재였다는 점을 확인하였던 것이다.

그래서 나는 문전성시를 성공적으로 끝내고 아예 전문 시장문화기획자의 길로 들어설 수 있었다. 가족들의 반대를 극복하지 못했다면 아마도 여전히 가족들의 눈치를 봐가며 시장일 하느라 애면글면하고 있었을 것이다.

셋째, 시장 내부의 적이다.

어느 집단이나 집행부가 하는 일에 대해 딴지를 거는 사람들이 있게 마련이다. 이는 견제라는 측면에서 보면 바람직하다.

그런데 이런 건전한 견제 차원의 딴지가 아니라 비판을 위한 비판이나 정당한 이유없이 어거지로 문제를 삼는 경우가 많다. 이들에겐 아무리 논리적으로 설명해도 통하지 않는다. 그렇다고 다수가 동의한 행사를 소수의 반대 때문에 집행하지 못한다면 이것 또한 문제이고, 그렇다고 이들도 시장 안에서 함께 장사하는 동료이자 이웃인데 나 몰라라 할 수도 없다. 말 그대로 진퇴양난. 하지만 이런 걸림돌도 슬기롭게 극복해야 한다. 내 경험에 의하면 반대자가 정말 반대하는 이유가 뭔지를 알아내서 그 원인을 해결하는 방법이 가장 좋다. 사실 얼핏 보기에 행사를 반대하는 것보다 사람과의 관계에서 자신이 싫어하는 사람이 그 행사에 적극적이라면 무조건 반대하는 경우도 있다. 이럴 땐 개인들 간의 문제이긴 하지만 슬기롭게 화해를 모색하는 것도 한 방법이다. 이런 경우 화해가 이루어지면 더 끈끈한 유대관계로 발전한다.

넷째, 상인의 고령화이다.

전통시장이 미래지향적으로 설계를 하는 데 있어서 가장 크게 고려해야 할 점이 상인들의 고령화문제라고 생각한다.

못골시장이 문전성시를 성공적으로 수행할 수 있었던 배경에는 다른 시장에 비해 상인들의 나이가 상대적으로 젊었기 때문이라고 분석했다. 동의한다. 그러나 이 점이 일부는 맞고 일부는 틀릴 수도 있다. 젊어야 뭐든 잘 할 수 있다는 건 편견이라는 점 또한 몽골시장 문전성시 프로젝트를 통해 확인됐다. 연세가 지긋한 상인들이 프로그램에 적극 참여하면서 오히려 젊은이들에게 자극을 주었다는 사실, 주목할 필요가 있다.

또한 현실적으로 상인들의 나이가 많을 수밖에 없다면 시장문화를 기획할 때 아예 이 점을 중요한 포인트로 두고 기획하면 된다. 물론 대중성 확보라는 차원에서 그 점을 너무 강조하는 것도 문제일 수 있다는 지적이 있다.

따라서 고령화 문제는 넘어야 할 벽이 아니라 함께 구현해야 할 현실적 동력으로 받아들여야 한다. 또 기획할 때 젊은이와 어른을 적당히 안배해서 배치하는 지혜를 동원하면 얼마든지 호응성이 높은 시장문화를 만들어낼 수 있다. 더욱이 세대를 초월한 문화를 만들어낸다면 시장의 미래는 더욱 밝아질 것이다.

다섯째, 시장의 시설 문제다.

알다시피 대부분의 전통시장은 시설이라고 할 것도 없이 점포들만 옹기종기 모여앉아 장사한다. 또 도로를 가운데 두고 양쪽으로 점포가 늘어서 있기 일쑤다. 그런데 날씨가 맑은 날이면 그런대로 불편함이 적은데, 비나 눈이라도 오면 상황이 보통 심각해지는 것이 아니다. 질퍽거림이 그대로 물건에 영향을 미치고, 난전에 내다 놓은 물건이 이리 치이고 저리 치이고 난장판이 따로 없다. 요즘은 정부에서 아케이드 시설 같은 것을 지원해서 많은 시장들이 설비를 정비하고는 있다.

하지만 여기서 한 가지 중요한 점은 꼭 시설이 현대화 되어야만 시장문화가 형성되는 것은 아니라는 점이다. 요즘 열풍이 불고 있는 '마을 만들기' 프로그램이 좋은 타산지석이다. 낙후된 동네를 다시 개발한다고 하면 그동안에는 으레 무조건 다 허물고 아파트를 짓는 재건축이나 재개발사업이 능사였는데, 주택시장의 불황으로 이런 사업들의 사업성이 떨어지자 그 대안으로 각광받는 것이 바로 '마을 만들기'이다. 여러 가지 유형이 있지만 내가 주목하는 것은 있는 그대로의 모습을 간직하며 사람들이 살기 좋게 마을을 가꾸는 것이다.

그렇다. 전통시장도 마찬가지다. 시설 공사를 통해 기존의 시장 이미지가 바뀐다면 이는 바람직하지 않다. 시설을 하더라도 기존의 시장 이미지를 계승 발전할 수 있는 도구가 되어야 한다.

그래서 시장문화기획자는 시설정비도 중요하게 고려해야 하겠지만 그 시장의 정체성을 훼손하거나 잃어버리지 않도록 세심한 신경을 써야 한다. 물론 시설 정비는 상인이나 고객 모두에게 편의성을 제공한다는 점에서 반드시 하는 것이 좋다.

여섯째, 미래에 대한 불확실성이다.

시장문화기획자가 직업으로서 장래성은 어떨까? 많은 사람들이 여기에 관심이 많다. 하지만 지금 딱 부러지게 전망이 밝다거나 어둡다고 말할 수는 없을 것 같다. 이제 막 생겨나기 시작한 직업이고,

또 시장활성화라는 과제가 우리 앞에 놓여있기 때문이다.

다만 시장문화기획자라는 직업이 앞으로 어떤 방식으로 진화할 것인가를 생각해보면 미래성이 보일 것 같다.

전통시장 활성화 프로젝트에 참여한 많은 PM들 중 상당수가 마을 만들기 사업을 하는 사람들이다. 이는 인접 분야이기 때문에 넘나들 수 있는 것이기도 하거니와 시장에만 매몰되는 시각의 한계를 극복해주는 장점이 있다.

그런 점에서 시장문화기획자도 같은 입장일 것 같다. 그리고 우선 우리나라 1,500개의 전통시장들이 활성화 작업을 해야 한다. 나름의 시장문화를 만들어 사람들과 호흡하는 시장으로 거듭나야 한다. 하지만 시장문화기획자는 턱없이 부족하다. 내가 자칭 상인 출신 1호이지만 여전히 일손이 부족한 게 현실이다.

그런 점에서 시장문화기획자의 미래는 나를 포함한 시장문화기획자들의 손에 달려 있다고 해도 틀리지 않을 것이다.

내가 작업한 시장, 작업하고 있는 시장

수원 못골시장 청년장사꾼인 내가 시장문화기획자로 본격 변신하여 못골시장을 벗어나 '(주)시장과사람들'의 이름으로 수행한 첫 작업현장은 마포나루상권활성화사업이었다.

마포나루상권활성화사업

애초 지역활성화사업이 주특기인 우리 못골시장 문전성시의 PM이었던 오형은 대표가 서울 마포구의 용강동과 도화동 일대의 상권활성화사업의 타운매니저를 맡아 사업을 펴고 있었는데, 우리 회사더러 '지역자원 조사 및 동아리 육성사업'을 맡아서 진행해달라고 했다. 2012년 3월이었다. 개인적으로는 너무 고마웠다. 신출내기 회사에 이런 큰 프로젝트를 맡긴다는 게 모험일 수도 있는데, 오형은 타운매니저는 나와 우리 회사를 무척 믿는 눈치였다.

마포나루상권활성화사업에 참여하여 상인들로부터 동아리 의견을 수렴하는 필자.

나는 솔직히 조금 부담이 됐다. 못골시장을 벗어나서 하는 첫 사업인 데다 오형은 타운매니저에게 누가 되어서는 안 된다는 생각 때문이었다.

나는 우선 이 지역에서 어떤 동아리를 결성해서 운영하면 좋을지에 대해 전반적인 조사부터 진행했다. 혹시 상인들이 개인적으로 하는 기존의 활동이 있는지에서부터 동아리를 만든다면 어떤 동아리가 좋은지, 동아리가 만들어지면 참여할 의사가 있는지 등에 대해 상세한 조사를 실시했다.

이 조사를 토대로 나는 모두 4개의 동아리를 결성하기로 했다. 댄스스포츠, 풍물패, 밴드, 그리고 친환경비누 만들기 등이 그것이었다. 애초 합창단까지 하겠다고 의욕을 부렸었다. 그런데 이 사업은 기간이 3개월 정도로 짧은 데다 전통시장과는 판이하게 다른 환경이어서 욕심을 부릴 처지가 아니었다. 해서 나는 기존의 동아리를 확대 발전시키는 쪽으로 기본 방향을 잡고, 그리고 새로 결성하는 동아리는 최소화한다는 생각이었다.

그래서 기존에 활동하고 있던 풍물패와 밴드(영사운드)를 지원하는 형식이었고, 댄스스포츠는 개인적으로 활동하는 분이 있어 이 분을 중심으로 팀을 꾸렸다. 새로 조직한 동아리는 친환경비누 만들기 하나로 국한했다.

동아리에 대한 소개와 참가자를 모집한다는 내용의 홍보전단지를 만들어 가게들을 일일이 찾아다니며 배포하면서 설득했고, 또 곳곳에 포스터를 붙이면서 독려하는 등 나름 열심히 했다. 그런데 도로 양 옆에 늘어선 가게(주로 식당)들이다보니 하루에도 수없이 많은 홍보물들이 뿌려지는 상황인지라 우리 역시 그 범주 안에서 취급됐다. 조금은 억울했다. 사전 설명을 하였던 터라 사업에 대해서는 기본적으로 충분히 이해되어 있는 줄 알았는데, 현장의 상황은 그게 아니었다. 오죽했으면 작업을 마치고 수원으로 내려가는 차 안에서 한 직원이 왜 이 일을 하는지 모르겠다고 푸념까지 할 정도로 힘들었다.

처음에는 가능하면 못골시장 얘기를 안 하고 상인들에게 접근했다. 그러나 무관심이 너무 지나치자 할 수 없이 못골시장 얘기를 하여 설득 작업에 나섰다. 다소 효과가 있었다. 이렇게 하여 어렵게 동아리 팀을 꾸려 교육을 시작했다.

　　그런데 여러 이유가 있겠지만 친환경비누 만들기를 제외하고 마포에서의 사업은 그다지 만족하지 못한 결과를 가져왔다는 게 나 자신의 평가이다. 아마 사업단도 마찬가지 평가였을 것으로 생각한다. 우리 회사의 경험 부족과 현장의 무관심한 반응 등 여러 가지 상황들이 지속적인 추동력을 만들어내기에는 역부족이었다.

　　동아리 외에도 우리 회사는 지역동아리활동지원추가사업으로 길거리공연을 10여 차례 진행했는데, 주로 점심시간을 이용해 용강동 복사골공원과 도화동공원에서 했다. 성황은 아니었지만 그런대로 보람을 느낄 수 있었다. 아, 그리고 이때 우리 공연에 출연했던 남매 가수가 있었는데, 방송국 오디션을 통해 지금은 스타가 된 '악동뮤지션'이 바로 그들이다. 정말 노래 잘한다고 생각했는데, 역시 실력만이 최고의 자산이라는 것을 확인할 수 있는 사례이다.

지역특성화문화예술교육지원사업

마포에서의 실패에 다소 의기소침해 있을 때 친정인 못골시장에서 작업 의뢰가 들어왔다. 문전성시사업 이후 못골시장의 지속성을 위해 결성한 못골문화사랑과 수원다문화도서관, 이웃, 빙고믹스 등 문화단체들이 함께 벌이는 '우리동네 예술 프로젝트'와 '지역특성화문화예술교육지원사업'의 진행이 그것이었다.

　　이 사업은 둘 다 다문화 아이들을 대상으로 하는 프로그램이었다. 예술프로젝트는 수원의 명소를 투어하고 느낌과 영상물을 만들어 발표하는 방식으로 진행됐고, 지역특성화사업은 전통시장에서 요

지역특성화문화예술교육지원사업을 진행한 ㈜시장과사람들 직원과 참가자들.

리, 공예, 라디오 DJ 등을 교육, 체험하는 것이었다.

이 사업을 통해 잠재적 시장고객을 대상으로 전통시장에 대한 이미지를 높이는 작업이 지속적으로 필요하다는 생각을 했다.

일전에 신문사에 있는 사람이 주요 신문사들이 운영이 쉽지는 않지만 그럼에도 어린이신문을 내는 것은 미래의 잠재적 독자를 만들려는 의도가 있다고 얘기해준 적이 있는데, 그 말의 의미를 실감할 수 있었다. 그래서 나는 이때의 경험을 바탕으로 요즘 시장문화학교 사업을 준비하고 있다. 초등학교 3학년이 되면 지역경제와 지역시장에 대해 배우는데, 대부분이 시장을 훑어보는 식으로 진행한다. 그러나 나는 이왕 하는 거 좀 더 구체적이고 기억에 남는 현장학습이 이루어지면 어떨까 하는 생각에서 시장문화학교를 기획했다.

이 학교에서는 경제교육을 비롯하여 시장에서의 장사 체험, 시장 라디오 DJ 체험, 시장신문 일일기자 등의 프로그램을 준비하고 있다. 또한 호응이 좋으면 프로그램을 보다 확대할 예정인데, 각 전통시장의 시장문화를 반영하고 기획할 예정이다. 가령, 한복이 주업종인 수원 영동시장에서는 한복예절교육, 순대가 주업종인 지동시장에서는 순대 만드는 체험 교실 같은 프로그램을 진행하는 방식이다.

다만 이 학교 프로그램은 일정 비용을 내고 참가자를 받아 진행할 예정인데, '(주)시장과사람들'이 사회적기업인 만큼 기초생활수급자 차상위자의 자녀는 무료로 참가할 수 있도록 할 예정이다.

팔달문시장 라디오방송 사업

2012년 9월부터 나는 못골시장의 이웃인 팔달문시장에서 라디오방송 교육을 담당했다. 팔달문시장에서는 라디오방송 사업이 1차 진행되었었는데, 교육과 개국방송만 한 채 1년 이상 쉬고 있는 상황이었다. 그런데 개국방송 때 욕을 엄청 많이 먹었다는 정도만 알고 있었던 나는 실제 현장에 가서 상황을 파악해보니 생각보다 심각했다.

모든 게 남 탓이었다. 특히 장비 탓이 심했다. 내가 보기에 멀쩡하게 사용할 수 있는 장비도 제대로 작동이 안 된다며 교체를 주장하기까지 했다. 초기 교육에서 교육만 하고 사후 관리나 진행 모니터링을 전혀 실시하지 않았던 것이다. 스피커의 음량 같은 문제만 해도 전혀 모니터링이 안 된 상태에서 방송하다보니 시끄럽다고 민원이 들어오는 지경이었다.

지금은 프로 뺨치는 실력으로 방송하는 팔달문시장 DJ들.

　　나는 DJ들을 설득했다. 장비 탓이 아니라 장비를 사용하는 기술이 습득되지 않았기 때문이라며 장비 사용에 대한 교육을 함과 동시에 전체적인 시스템 정비를 했다. 시장이 모두 철시한 밤에 스튜디오와 스피커 사이를 오가며 음량을 조절했고, 또 방송 사각지대를 없애기 위해 스피커를 추가 설치하는 등 하나하나 정비했다. 그러면서 DJ들에게 방송 노하우에 대해 교육했다. 이들을 다시 마이크 앞에 세우는 데 두 달이나 걸렸다. 그리고 팔달문시장 라디오방송은 인기방송으로 날개를 달았다. 얼마 전에 팔달문시장에 마케팅 행사를 진행하러 갔는데, 낯익은 DJ의 친근한 목소리가 반겨주었다. 능숙한 솜씨로 진행하는 방송을 들으니 가슴 뿌듯했었다. 팔달문시장은 가까이 있어 늘 모니터하면서 협력관계로 지낸다.

삼성전기에서 실시한 찾아가는 전통시장 프로그램.

찾아가는 전통시장 프로그램

우리 회사는 '찾아가는 전통시장' 프로그램도 진행했었다. 이 사업은 우리 회사의 기획이라기보다 삼성전기의 요청에 의해 진행했던 사업이다. 2012년 추석 무렵 삼성전기에서 직원들에게 추석선물로 '온누리상품권'(전통시장 상품권)을 나눠줬는데, 시장에 가서 상품권을 쓰고 싶어도 시간이 없으니 시장이 회사로 들어오면 안 되겠느냐고 했던 것. 그래서 나는 4개의 전통시장을 묶어 합동으로 들어가서 시장을 열었다. 하지만 성과는 별로였다.

실패의 원인은 여러 가지가 있겠지만 시기적으로 좀 어중간했다. 선물은 이미 샀고, 제수는 좀 더 있어야 할 그런 때였었다. 그리고 남자 직원들 같은 경우 물건을 사서 가져간다는 게 쉬운 게 아니라는 우리 사회의 가부정적 문화도 한몫했다. 이 사업도 사후 평가를 해본 결과 철저하게 미리 기획하여 전단지를 만들어 배포하고 주문 받는 형식으로 진행했으면 성과가 있을 것 같았다. 해서 1사1전통시장 자매결연을 통해 정기적으로 이와 같은 '찾아가는 전통시장' 프로그램을 기획하면 가능성이 있다는 생각에서 기획안을 준비하고 있다.

공주산성시장의 문화관광형시장육성사업

2013년 2월부터는 공주산성시장의 문화관광형시장육성사업단에서 '시장문화기획자 과정'을 진행하고 있다.

시장이 자생적으로 지속적인 모습을 보이려면 무엇보다 상인들이 주도적으로 움직여야 하고, 그 중심에 바로 시장문화기획자들이 있다. 그런데 공주산성시장에는 여러 가지로 어려운 부분이 있어서 처음에는 교육하기가 힘들었다. 무슨 말을 하던 겉돌기 일쑤였다. 그래서 나는 시장문화기획자들에게 가장 먼저 요구하는 것이 시장상인으로서의 주체의식을 갖도록 마인딩 형성에 주력했다.

상인이 사업 주체가 되지 않으면 이런 지원사업의 경우 프로젝트가 끝나면 도로 옛 모습으로 돌아간다. 그건 누구에게도 도움이 안 된다. 세금 낭비이자 상인들의 시간과 열정의 낭비이다. 하지만 더 큰 피해는 옛 모습으로 돌아간 시장은 정말 다시 살아날 가능성이 더 희박해진다는 사실. 죽을 뻔 하다가 겨우 살아난 시장이 다시 문제가 있다면 어느 고객이 찾아오겠는가.

다행히 공주산성시장은 2013년 7월부터 2차 교육을 하면서 2기 시장문화기획자 과정을 뽑았는데, 아주 주도적으로 잘 하고 있다. 2013년 10월에 가래떡 150미터 뽑기 행사를 했는데, 나는 그냥 지켜볼 뿐 모든 기획에서 실행까지 상인교육생들이 했다. 150미터의 가래떡을 한 번도 끊어지지 않고 뽑는 데는 실패했지만 단합된 힘을 확인할 수 있는 큰 수확을 얻었다. 그 기운을 살려 자발적으로 12월 21일 동지에 또 한번의 가래떡 행사를 가졌는 데 대성공이었다.

예산, 추사의 거리 조성사업과, 조원시장, 평창시장 사업

2013년 5월부터 8월까지 충남 예산에서 추사의 거리 조성사업에 참여했다. 이 사업은 예산읍의 구상권 상점가 골목을 추사 김정희의 거리로 만들었는데, 전선지중화, 도로 정비, 환경 정비 등 여러 정비 사업을 통해 상점거리를 조성하는 것이었다. 그런데 사업기간이 긴데다 사업기간 동안 장사를 전혀 하지 못하는 등 여러 가지 악조건들이 겹쳐 있어서 정비 후를 대비한 준비교육이었지만 쉽지 않았다.

더욱이 이곳도 마포에서처럼 시장 조직이 아니어서 참석율이 극히 저조하는 등 교육여건이 좋지 않았다. 결과는 불만족. 내 자신에게 불만이고 상인들에게 미안했던 시행착오 현장이다.

수원 조원시장과 강원도 평창시장에서 라디오 DJ 교육도 진행했었다. 특히 강원도 평창시장은 나를 지나치게 전문가로 대접해서 약간 당황하게 만든 현장이다. 처음에 상인 DJ들 간의 분위기는 여느 시장과 다를 바 없이 서먹했다. 하지만 강의가 끝나고 나서 자기소개를 해보자는 취지로 자유토론 시간을 가졌는데, 생각지도 않은 얘기들도 나왔다. 그 중에서는 약간 시빗거리도 있었는데, 남자 둘, 여자 셋의 소규모 동아리여서인지 대부분이 이해하려고 노력하는 것이 엿보였다. 이렇게 마음을 하나둘 열어가는 과정에서 DJ들의 별명 짓기에서 빵 터졌다. 어렸을 적 별명을 얘기하는 과정에서 기가 센 여자 DJ가 별명 얘기를 안하다가 자신이 '불량소녀'였다고 고백했다. 너무도 어울리는 이름이었다. 별명을 액면 그대로가 아니고 해학적이고 상징적으로 받아들인다면 정말 어울렸다. 유명세를 탄 평창의 한 마을 이름인 '소도둑놈마을'처럼 고정관념을 깨는 별명이었다. 그러자 그 '불량소녀'의 남편도 함께 DJ를 했는데, 부인이 남편은 돌쇠처럼 생겼다면서 '홍길동'으로 짓자고 했다. 읍사무소 예비군동대장이기도 한 남편이 하도 부지런해서 동에 번쩍 서에 번쩍 하는 모습이 영락없는 홍길동이라는 것. 이렇게 별명을 지으며 깔깔거리는 과정에서 회원들 간의 서먹한 분위기는 눈 녹듯 녹았고, 그 다음의 효과는 굳이 얘기하지 않아도 짐작하는 대로다.

양평 물맑은시장 활성화사업

나는 최근 경기도 양평 물맑은시장에서의 작업을 마무리했다. 그런데 작업이 생각만큼 쉽지 않았다는 게 솔직한 고백이다. 그 이유는 물맑은시장의 독특한 상황 때문이다. 앞에서도 수차례 시장상황에 맞춰야 한다고 강조했던 말을 실감할 수 있는 현장이었다.

물맑은시장은 시골시장과는 다른 상점가형 도회지 시장인 데다,

양평 물맑은시장의 동아리 발표대회 참가자들과 기념촬영한 필자.

오일장이 함께 열리는 곳이어서 여러 가지 감안해야 할 요소들이 많았다. 상설시장 상인들과 오일장 상인들 간의 화합된 총의를 이루어 내기가 하늘의 별 따기처럼 힘들었다. 특히 상인들의 호응이 잘 따라오지 않아서 한쪽에서만 일방적으로 소리를 지르는 형국이었다.

이는 도시의 상점가형 시장들이 갖는 일반적인 현상이긴 하지만 다른 사람들의 얘기를 듣기보다는 자신들의 기준에서 주장을 관철시키려는 경향이 강하다. 그러면서도 더욱 힘들게 하는 것은 내부의 상인들의 말을 잘 들어주지 않는다.

물맑은시장에서는 나를 '시장문화기획자'라기보다 시장에서 장사하는 장사꾼으로 바라봤다. 내부 상인으로 취급하는 것이었다. 거기다가 나이도 아직 30대 후반이다 보니 시쳇말로 말이 먹히지 않았다. 같은 장사꾼인데 네가 알면 얼마나 아느냐는 반응이었다.

물론 시장 사람들에게 그런 경향이 있는 줄은 알았지만 이렇게까지 심할 줄 몰랐다. 나는 고민했다. 이 난관을 어떻게 해결할까? 해서 나름대로 내린 처방은 외부의 전문강사를 초빙하는 것으로 결정했다. 외부의 전문가의 말이면 대부분 듣는 편이기 때문이다.

대신 내가 하는 강의는 토론시간으로 바꿨다. 수업 때마다 주제를 주고 이에 대해 각자의 의견을 개진하는 방식으로 진행했다. 토론 규칙을 몇 가지 정했다. 반박하지 않기, 상대방 입장 이해하기, 그리고 이야기 시간 3분 지키기가 그것이었다. 이 시간은 합의를 이끌어내는 총회장이 아니라 다양한 의견을 수렴하는 기능이 더 큰 데다 반박이 오가다보면 예기치 않은 갈등을 유발할 수 있기 때문이었다. 또 가능하면 참석자 모두가 한번 이상은 의견을 낼 수 있도록 하기 위해 시간 제한을 두는 방식이었다. 그동안 다룬 주제는 '오일장 활용하기' '먹거리 골목 활성화 방안' '중앙통 활성화 방안' '토요장 활성화 방안' '차 없는 거리 운용 방안' 등이었는데, 나름 의미 있는 시간이었고, 이 의견을 바탕으로 다양한 프로그램들이 기획됐다.

또 양평에서도 다양한 동아리들을 결성하여 교육하였는데, 처음에는 시큰둥하다 지금은 인기 폭발이다.

동아리는 난타와 라디오방송, 마술 등 세 분야이다. 처음 동아리를 기획하고 어떻게 회원을 모을까 고민하던 나는 마포에서처럼 기존의 동아리와 연계시키는 것이 가장 효율적이라는 판단을 내렸다. 그래서

난타의 경우 양평군에서 운용하는 여성합창단이 있었는데, 이 합창
단원을 대상으로 회원을 모집했다. 34명이 회원이다. 지금도 여러 상
인이 계속 지원의사를 피력하지만 더 이상 받지 못하는 즐거운 비명
을 지르는 중이다. 마술 역시 처음에는 별로 관심을 보이지 않다가 손
장난하는 것에 재미를 느껴 역시 정원 10명 이외는 더 받지 못하고 있
는 실정이다. 다만 라디오 DJ만 현재 3명으로 추가 모집 중에 있다.

그리고 물맑은시장에서 나는 전통시장과 모바일폰과 연계된 마
케팅을 실험하고 있다. 스마트폰은 이제 누구나 갖고 있는 기기라는
점에서 이를 이용한 다양한 마케팅들이 도입되고 있다.

지금 활성화 돼 있는 근거리 통신기술이라고 불리우는 NFC(Near
field communication)를 활용한 어플을 개발 중이다. 사실 전통시장
용 어플들이 많이 나와 있기는 하지만 사용하기엔 불편한 점이 많고,
정보 중심형들이 대부분이다. 그러나 전통시장의 상황을 감안하면 정
보 중심으로 어플을 사용할 수 있는 사람들이 과연 얼마나 있을까?
실용성 중심으로 바꾸어야 한다. 특히 남녀노소 누구나 실생활에서
도움을 느끼게 하려면 실용성은 더더욱 필요하다.

어플을 깔고 태그에 대기만 하면 되는 편리하도록 구성하되 태그
에 터치하는 대가가 바로 주어지는 방식으로 진행되어야 참여율이
높다. 가령, 시장에 설치된 태그를 다 터치하면 무료 커피 쿠폰을 전
송해주어 곧바로 사용할 수 있도록 한다든지, 우리가 커피숍에서 흔
히 도장찍기 하는 마일리지 개념을 각 점포에서 도입한다든지 하는
방식으로 개발중이다. 더욱이 이 어플로 지역의 명물지역이나 아니

면 시장의 사각지대에 태크를 설치하여 의도적으로 고객들의 발길을 유도하여 사각지대의 가게들도 고객들이 볼 수 있도록 하는 것도 좋은 아이디어이다.

전통시장과 스마트폰이 너무 이질적이라고 느낄 수 있는 아날로그와 디지털 문화의 대명사들일지라도 문화융합시대인 지금 이런 조합이 만들어내는 미래가치는 무한하다. 그런 점에서 물맑은시장에서의 이 실험은 시장문화기획자인 내게 또 하나의 도전이자 과제인 셈이다.

시장활성화의 지속가능성을 위한 5가지 제언

현재 우리나라 전통시장에서는 다양한 사업들이 진행되었거나 되고 있다. 시장경영진흥원(현 소상공인시장진흥공단)이나 농림수산부, 각 지자체에서 여전히 활발하게 추진하고 있고, 큰 성과와 화제의 중심에 있었던 문화관광부 문전성시 사업은 지난 정부의 사업으로 그치고 지금 정부에서는 시행하지 않는 걸로 알고 있다.

여하튼 이런 사업들이 일회성 사업으로 그치지 않고 지속성을 유지하면서 시장활성화를 끊임없이 선도하는 역할을 해야 함은 내가 굳이 여기서 강조하지 않더라도 모든 사람들이 공감하는 바이다.

그럼에도 여기서 또 거론하며 지속가능성의 중요성에 대해 얘기하려고 하는 것은 사실 그만큼 어렵기 때문이다.

팔달문시장 라디오방송 사업이 지속가능성을 창출해내는 것이 얼마나 어려운지를 보여주는 대표적인 사례다. '내가 작업한 시장' 꼭

지에서 자세하게 언급하였기에 여기서 다시 설명하지는 않겠지만 이 사례는 어떻게 해야 지속가능할 수 있는지도 동시에 보여준다.

대부분의 시장들은 지원 사업이 끝나면 일단 휴지기에 들어간다. 여기에는 두 가지 큰 이유가 있다. 하나는 동아리 운용비나 행사비를 지원받지 못하기 때문이고, 또 하나는 그동안 너무 힘들었으니까 잠시 쉬는 것이 그것이다.

하지만 지원금이 없다고 하던 동아리가 멈춘다면 그 시장의 생명은 지원금에 달려 있다고 해도 틀린 말이 아닐 것이다. 언제까지 지원금에 기대서 살아야 하는가. 그리고 정부나 지원단체에서 특정시장만 계속 지원할 수 있는 것도 아니다.

이런 경우, 대부분의 동아리들은 아직 제대로 안착하지 못했기 때문이다. 동아리가 제대로 안착이 되어 회원들이 진정으로 즐기는 단계가 되었다면 지원금 따위는 문제가 되지 않는다. 아주 원시적인 방법으로 회비를 걷어서라도 유지하려고 하고, 다양한 활동을 기획하여 필요한 경비를 충당하려는 노력들이 이어지게 마련이다.

또 하나 잠시 휴지기를 갖는 문제. 이건 정말 독이다. 자전거가 열심히 잘 달린다고 해서 페달을 밟지 않으면 어떻게 되는가. 곧 쓰러진다. 시장활성화도 바로 자전거 타기와 다를 바 없다. 잠시의 휴지기는 열정을 식게 하고 식은 열정을 다시 예전같이 끌어올리려면 상당한 시간과 비용과 노력이 투여되어야 한다. 물론 그러고도 제대로 될 것인가에는 여전히 의문이다. 이런 점을 감안하여 나는 시장활성화의 지속성을 위한 5가지 제언을 하려 한다.

첫째, 상인은 공동체의 주인의식을 가져라.

시장의 주인은 상인이어야 한다고 말하면 사람들은 주인이 그럼 누구냐고 할지 모르겠다. 여기서 말하는 주인은 법상 소유권 개념이 아니라 의미상으로 공동체 주인의식을 말한다. 상인이 주인의식을 가져야 한다는 명제는 앞에서 수차례 강조한 바 있다. 왜 그랬을까. 그만큼 중요하기 때문이다.

많은 상인들이 시장의 주인이면서도 주인이 아니라고 생각한다. 그건 내 가게를 벗어나면 남의 가게이고 전체 시장의 의미에 대해서 생각해보지 않았기 때문에 형성된 의식이다.

또 침체기에 놓여있는 시장에 가서 진단해보면 상인들의 공동체적 주인의식이 결여돼 있는 경우가 대부분이다. 시장에서는 어느 한 가게만이 잘되는 경우는 드물다. 대부분이 서로 연대해서 시장의 힘을 만들어내야 그 시장이 굴러간다. 이 연대의 힘이 뭔가. 바로 공동체의식이고 이 공동체의식을 만들어내는 것은 상인 개개인의 공동체에 대한 주인의식이다. 특히 지원사업이 끝난 후 상인회를 중심으로 지속성을 유지하기 위해서는 상인 개개인의 공동체 주인의식의 연대만이 지속성의 수레바퀴를 굴리는 동력을 만들어낸다.

둘째, 커뮤니티 공간을 확보하라.

시장활성화의 교두보는 동아리 같은 다양한 커뮤니티들이다. 못골시장의 줌마불평합창단이나 라디오방송, 신문, 밴드 등 동아리들이 끊임없이 활동하는 가운데, 그 활력이 시장 전체에 스며 퍼지면서 시장에 생기가 돌게 하였었다. 시장의 생기는 지나다니는 고객들의 발길을 붙잡는 데서 더 나아가 일부러 찾아오는 고객을 창출하고, 갖가지 화제가 만들어지면서 그 시장만의 문화가 형성되고, 그 시장만의 문화는 늘 지역과 사람들과 함께 어우러지게 만든다.

그런데 많은 시장들이 이런 커뮤니티들이 활동할 수 있는 공간을 확보하는 데 어려움을 겪고 있다. 하지만 작더라도 함께 모여 웃고 떠들고 즐길 수 있는 커뮤니티 공간만은 만들어야 한다. 시장활성화의 교두보인 커뮤니티가 활성화되는 데 결정적인 역할을 하기 때문이다. 일부에서는 편하게 생각하여 시장 밖에서의 활동 공간 확보에 대해 고민하는데, 나는 절대 반대다. 일단 시장 안에 거점 공간이 마련된 다음에 추가든 아님 활동의 편의성을 감안한 것이든 외부 공간에 관심 가져야 한다.

셋째, 필요한 장비는 직접 구비하라.

지원사업을 진행할 때 의견충돌이 많이 일어나는 경우가 북이나 악기 같은 장비를 굳이 비싼 돈을 들여 구비해야 하느냐 하는 점이다, 또 사업이 끝나면 그동안 사용했던 장비를 비롯하여 다양한 인프라들을 철거하는 경우가 많다.

많은 사람들이 장비의 경우 필요할 때 대여하면 된다고들 생각한다. 이 말은 일정부분 맞고 일정부분 틀리다. 비용을 생각하면 맞고 효율성을 생각하면 틀리다. 동아리 활동에서 장비는 동아리의 성패를 좌우할 만큼 매우 중요한 요소이다. 장비가 없다고 가정해보자.

연습 한번 하려고 해도 쉽지 않다. 그래서 두 번 할 연습을 한 번 하게 되고 그러다 아예 안하게 된다. 하지만 커뮤니티 공간에 장비가 마련돼 있다고 해보자. 정해진 연습시간은 물론 틈나면 달려가서 개인연습을 한다. 이 상황은 못골시장에서 확인했다. 장비가 없고 이론 교육이 이루어지던 처음에는 호응도가 떨어졌지만 실제 악기를 만지고 개인별 연습이 필요해지자 동아리 공간은 자발적 연습자들로 인해 늘 붐볐고, 보다 적극적인 사람은 아예 개인 비용으로 장비를 구입해 집에서도 연습하는 열의를 보였다.

행사용 장비도 마찬가지다. 시장에서 직접 장비를 갖고 있으면 맘만 먹으면 언제든 행사를 할 수 있는 장점이 있다.

다만 한 가지, 장비를 구비하고 있기만 하면 안 된다. 철저한 관리가 뒤따라야 한다. 몇 달 동안 구석에 처박아 두었다가 다시 쓰려고 꺼내보면 쓰지 못하게 되는 경우가 허다하다. 이럴 경우 정말 돈만 낭비한 꼴이다. 따라서 관리자를 지정하여 철저하게 닦고 조이고 기름치는 관리가 필요하다.

넷째, 최소한 2년 이상 유지하라.

시장에서 동아리 사업이 실패하는 경우 대부분 충분한 안착기간을 갖지 못한 데 기인한다. 팔달문시장 라디오방송의 경우 기초교육만 진행하고 어찌어찌해서 개국방송을 하는 데만 급급했었지 DJ들이 실제 장비를 다룬다든지 방송 현장의 마이크 상태라든지 하는 문제에 대해서는 거의 신경을 안 썼다. 그런 상황인 데다 1차 교육이 끝나 스스로 운영을 해야 하는데, 우왕좌왕에다 민원까지 겹치니까 제대로 해보지도 못하고 두 손 드는 상황이 온 것이다. 그러나 내가 맡은 2차 교육에서 이런 1차 교육의 문제점을 극복하는 방향으로 실시하였고, 계약된 교육기간이 끝난 이후에도 늘 애프터서비스 하는 심정으로 소통을 하다보니 지금은 저절로 잘 굴러가는 팔달문시장 명물이 되었다.

내가 여기서 최소한 2년은 유지하라고 한 것은 시장 상인들이 낮에는 장사하고 저녁에 쉴 시간을 쪼개가며 연습하는 점과 매일 모이기가 어려워 대부분 1주일에 한번 정도 모여 연습하는 현실을 감안한 기간이다. 또 2년 정도 지나야 제대로 자신들이 하는 활동의 맛을 즐길 수 있게 된다. 이쯤 되면 아마 그만두라고 해도 못 그만둔다. 일전에 IT기업하는 한 CEO가 개발 당시를 털어놓는 애기를 들은 적이 있는데, 그가 하는 말이 꼭 이 경우였다. 처음에는 의욕에 넘쳐 개발에 몰두했는데, 어느 순간 너무 힘들더란다. 지나온 길을 되돌아보니 다시 시작하라면 못할 만큼 힘든 여정이더란다. 그래서 지금까지 해온 게 아까워서라도 포기하지 않고 끝까지 밀고나가 개발에 성공하고 지금 사업도 성공했단다. 그렇다. 2년쯤 하다 보면 그동안 들인 시간과 정성, 노력을 생각하면 절대로 못 그만둔다. 그래서 외부 지원이 끊어져도 아무 탈 없이 잘 돌아간다.

다섯째, 인적 지역적 네트워크를 구축하라.

무슨 일이든 혼자 하기에는 한계가 있기 마련이다. 특히 시장사업은 더더욱 그렇다. 시장문화기획자가 행사를 기획할 때 시장상인만으로 행사를 꾸릴 수 상황이 된다면 정말 행복한 기획자이다. 대부분이 그렇지 못하다. 자그만 콘서트를 하나 하더라도 다양성 추구는 기본이다. 정해진 레퍼토리로 공연을 한다면 녹음기를 틀어놓은 것과 뭐가 다르겠는가. 이럴 때 시장문화기획자는 외부로 눈을 돌리게 마련인데, 그렇다면 시장과 또 시장이 있는 지역과 연관이 있는 사람이나 단체에서 참여할 수 있도록 하는 것이 좋다. 우선 비용도 그렇고, 때로는 품앗이도 되고, 또 낯설지 않기 때문에 따로 또 같이 하는 공연이 된다. 해서 주변의 다양한 인프라를 네트워킹 해두면 언제 무슨 기획이든 가능할 만큼 든든한 지원군을 확보하고 있는 셈이다.

이밖에도 시장활성화의 지속성을 담보하는 요소들이 많이 있다. 중요한 것은 모처럼 시장활성화의 가능성이 보이는데, 지원사업이 끝났다고 해서 거기서 멈춘다면 이는 거시적인 명분은 차치하고라도 상인 개개인에게 큰 손해다.

그렇다고 사업의 지속성을 유지하기 위해 터무니없이 많은 비용과 노력을 요구하는 것도 아니다. 하던 관성을 이용하여 조금만 힘을 보태면 더 많은 이익을 창출할 수 있는 것이다. 서 있는 자전거보다 달리는 자전거가 페달을 밟는 데 힘이 덜 들어간다는 사실, 그게 바로 시장활성화의 지속성을 끌어내는 동기가 아닐까 싶다.

못골 RA
수원못골종합
못골
옷골 ON-AI

에필로그

보다 스미다 즐기다

한때 '시장'이라고 하면 으레 '재래시장을 생각했다.

그러나 지금은 마트나 슈퍼를 떠올린다. 내가 어렸을 적, 엄마들은 저녁때가 되면 시장으로 장보러 갔다. 오늘 저녁 밥상부터 내일 점심까지 먹을 거리를 사러 갔다. 그런데 요즘 엄마들은 매일 장을 보지 않는다. 1주일에 한번 마트에 가서 오늘내일 먹을 찬 거리를 사온다기보다 카트에 가득 물건을 대량으로 구매해온다. 이렇게 세태가 변한 데는 여러 가지 이유가 있다. 우선 생활패턴이 서구식으로 바뀌었기 때문이다. 여기서 서구식이라 하면 직접 자동차를 운전하여서 먼 거리에 있는 마트에 가서 쇼핑을 하는 그런 소비생활행태를 의미한다.

　인류의 문명을 획기적으로 바꾼 문명의 이기들이 많이 있는데, 그 중 자동차도 혁명적 변화를 가져온 문명의 이기이다. 미국에서 자동차가 대중화되면서 나타난 몇 가지 소비패턴은 지금 우리의 삶에 시사하는 바가 적지 않다.

자동차는 미국 사람들에게 멀리 있는 곳에 가보는 소위 여행문화를 발전시켰고, 또 자동차를 차고 맥도널드 햄버거나 아이스크림을 사먹는 낭만의 시대를 구가했다. 더욱이 주택가에서 멀리 떨어진 상상을 초월하는 곳에 쇼핑센터를 지어도 물건을 사러 사람들이 아무 불평 없이 찾아온다는 사실. 우리도 자동차 대중화시대가 열리면서 이런 미국식 문화가 들어와 그대로 이식됐다. 예전 엄마들이 매일 시장에 갔던 것은 물건을 사서 손으로 들고 다닐 수 있을 만큼만 샀기 때문이고 지금의 엄마들이 1주일에 한번씩 시장을 가도 생활에 전혀 불편함이 없는 것은 아무리 많이 사도 다 자동차가 날라다주기 때문이다. 상황이 이러할진대 재래시장이 살아남는다는 것은 어쩌면 불가능한 일인지도 모르겠다. 하지만 재래시장은 살아야 한다. 그 이유는 자명하다. 우리들의 삶이 달려있기 때문이다. 시장에서 장사해서 먹고사는 사람들이 한둘이 아니다. 이 많은 상인들의 생계를 단순히 자본주의적 논리에만 맡길 수는 없다.

아무리 경쟁에서 지면 도태되는 것이 분명한 게임의 규칙이라 해도 이 규칙을 적용해야 하는 곳과 그렇지 말아야 하는 곳이 있다. 지금 시장의 문제는 시장경제법칙으로만 설명할 수 없는 그 무엇이 있다.

그 무엇에는 우선 우리의 역사와 전통이 숨 쉬는 공간인 데다 삶과 직접 연관되는 현장이라는 점이다. 시장에 가면 잘 난 사람도 못 난 사람도 없다. 다 똑같다.

전통시장은 우리가 오늘에 되살려야 할 생활문화유산이다. 되살린다는 것은 박물관식 접근이 아니라 문화와 삶이 함께 공존하는 현장으로의 기능을 회복하게 하는 것이다. 물론 그런 역할을 하기 위해서는 전통시장 스스로 해야 할 일이 무척 많다. 지금까지 내가 나름 논리를 폈던 것도 이런 차원에서다.

이제 정리하면서 마무리해보자.

어려움에 직면해 있는 전통시장이 다시 제 기능을 수행하는 시장으로 되돌아오게 하는 것은 어느 특정 시장의 문제가 아니라 시대적 과제가 되었다. 인류가 시작되면서 함께한 시장이 그 명맥이라도 유지하려면 지금 우리가 무엇을 어떻게 해야 할까 하는 고민이 시작되어야 한다. 다행히 정부나 지자체에서 시장 활성화에 대한 의지가 어느 정도 있는 것 같고, 또 실행에 대한 국민적 합의도 어느 정도 이루어진 것 같다. 그렇다면 이제 남은 과제는 무엇을 어떻게 하느냐 하는 점이 숙제로 떠오른다.

전통시장 활성화를 위해서는 우선 너무 시장논리로만 접근하지 않았으면 한다. 지금까지 시장활성화 작업을 진행한 시장 중에서 너무 시장의 기본적 기능에 충실한 리모델링 작업은 실패했다. 그 이유는 무엇일까. 물건의 거래라는 기본적인 역할에만 초점을 맞춘다면 선진경영기법에다 고객들의 심리까지 분석해가며 경영하는 마트나 슈퍼를 따라잡을 재간이 없다.

물론 상인들의 장사 방법이 현대 경영기법에는 어울리지 않아 나름대로 현대화된 장사기법을 받아들여 개선해야 함은 당연하다. 그리고 필요하다. 하지만 어쩌면 이 같은 변화는 선택이 아니라 필수이다. 문제는 관심이 여기에 머물면서 확장하지 않는 데 있다고 본다.

그런 점에서 문화적 콘셉트로 시장 활성화에 접근하는 것은 매우 설득력 있는 방법이다. 내가 직접 경험한 것이기도 하거니와 고객들의 관심이 물건을 사는 데만 머무르는 것이 아니라는 실제적 상황이 이 같은 방법의 실효성을 뒷받침해준다.

각기 나름의 시장문화가 형성돼 있으면 너무도 자연스럽게 사람들의 입에서 회자되게 마련이고 그런 커뮤니케이션은 시장으로의 발길을 돌리게 만드는 매력 포인트가 된다. 그래서 요즘 시장활성화 작업은 대부분 문화적 접근을 시도한다. 물론 무조건 문화만 입힌다고 해서 시장이 활성화되는 것은 아니다. 치밀한 조사와 계획, 그리고 연관성, 친밀성 등을 분석하여 문화를 만들어야 한다.

또한 문화라는 것이 하루아침에 형성되는 것이 아니라는 점 역시 간과해서는 안 될 중요한 체크 포인트다. 문화는 정말 오랜 시간이 필요하다. 따라서 많은 시장들이 지원 사업이 진행되는 동안에는 문화에 대해 지대한 관심을 갖지만 지원 사업이 끝나고 홀로서기를 해야 할 상황이 오면 문화는 사치스럽거나 거추장스러운 존재로 전락하기 일쑤다. 다시 예전의 시장논리로 회귀하는 것이다. 이러면 도로아미타불이다. 문화의 힘은 서서히 발동이 걸리고 한번 발동이 걸리면 거의 멈추지 않는 성질을 갖고 있다. 따라서 서두르지 말아야 한다.

어쨌든 문화적 콘셉트의 주안점은 우선 보여준다는 것이 목적이다. 다양한 행사나 이벤트의 기획을 통해 고객들에게 보여주는 것이

첫걸음이다. 그런데 보여준다는 데 너무 방점을 찍다보면 어느 순간 이것도 저것도 아니고 그냥 행사에만 치중하는 경향이 있다. 그건 아니다. 그냥 행사에 치중한다면 정말 일회성에 머문다. 일회성은 일시적 약발은 있을지언정 끝나고 나면 허무 밖에 남는 것이 없다.

따라서 일관성 있는 메시지를 넣으려고 의도해야 한다. 똑같은 공연을 하더라도 그 시장만이 갖고 있는 메시지를 계속 주입, 전파하다보면 그게 쌓이고 쌓여서 문화가 되는 것이다.

그렇다면 이 시장문화를 어떻게 해야 할까.

이렇게 시장의 문화를 하나둘 보여주기 시작하면서 형성된 시장문화는 상인이든 고객이든 사람들 사이에 스며들게 해야 한다. 스며든다는 말은 흠뻑 젖는다는 말, 젖는다는 말은 취한다는 말로 전화시킬 수 있는데, 사람들 몸과 마음속에 체화되는 것을 말한다. 몸이 알고 마음이 동하면 그 문화는 정말 값어치 있는 기능을 한다고 보면 된다.

그런데 스며들게 하기는 정말 쉽지 않다. 그러나 일단 스며들면 그 지속성은 크다. 가랑비에 속옷 젖는다는 말을 한번 떠올려 보자. 이 말은 우리 시장문화기획자들에게 시사하는 바가 매우 크다. 한 번에 모든 걸 해내겠다는 발상은 애시당초 버리라는 경계의 의미가 담겨 있다. 앞에서도 말했지만 시나브로 하나둘 해나가다 보면 어느 순간 예상하지 못했던 큰 문화의 모습으로 형성되고 있음을 발견할 수 있다. 또 이 스밈은 이미 동화된 사람들로 하여금 충성도를 더욱 높여 줄 뿐만 아니라 다른 사람들에게 스며들게 하는 힘이 매우 크다는 장점이 있다. 일단 어느 정도 스며들었다는 것을 발견하는 순간 그 문화의 공간에서 벗어나기 힘든 중독성이 생기고, 그 중독성은 강한 전파력을 발휘하여 주변 사람들을 끌어들이는 마력이 생긴다.

앞에서 한번 얘기한 적이 있는 통인시장의 도시락 카페를 보자. 도시락카페를 처음 출시했을 때 아마도 대부분의 사람들은 호기심에서 통인시장으로 갔을 것이다. 또 거기서 사람들이 줄 서있는 모습에서 호기심은 관심으로 발전했을 것이다. 그리고 직접 도시락카페에서 점심을 먹은 후 만족했을 것이다. 직장인들이라면 점심때가 되면 메뉴 정하는 것이 고민거리다. 그래서 선택의 여지가 없는 백반집이나 점심용 간이뷔페가 인기를 끈다. 그런 점을 감안하면 도시락카페는 훨씬 선택의 폭이 넓다. 반찬 가짓수는 물론이거니와 다양한 것을 먹을 수 있다. 매일 새로운 음식을 먹는 느낌이 들 것이다. 그래서 하루 이틀 오게 되고 어느덧 동료들끼리 특별히 언급하지 않고 으레 통인시장으로 발길을 돌리는 자신을 발견하게 될 것이다. 이미 스며든 것이다. 그런데 이런 재밌는 점심을 자신만이 혼자 즐기기에는 아깝다는 생각이 들어 스스로 주변에 전파한다. 요즘엔 SNS를 이용해 급속도로 전국으로 퍼지고 급기야 전국에서 일부러 통인시장 투어를 오기도 한다. 이쯤 되면 문화의 힘이 어떤 것인지 짐작이 갈 것이다.

자, 스며들었다면 다음은 즐기는 단계다.

통인시장 도시락카페 얘기를 더 해보자. 처음 호기심에서 찾았다가 자신도 모르는 사이에 그 문화에 스며들었다면 그 사람은 당연히 그

문화를 즐기게 된다. 그가 즐기고 있다는 점은 자신이 스스로 안내자가 된다는 점이다. 사람들을 몰고 시장에 가서는 갖가지 정보와 요령을 신나게 설명하고 있는 자신을 발견할 것이다. 그건 곧 이미 중독이 되어 즐긴다는 방증이다. 즐기는 사람이 많다는 건 시장으로는 엄청난 자산이다. 그 즐기는 사람 당사자만이 아니라 그 사람이 갖고 있는 다양한 인적 네트워크가 저절로 작동하여 통인시장의 잠재적 고객이 된다는 사실. 그럼 판매는 저절로 일어난다.

앞에서 말한 시장논리에 매몰되지 말라고 강조했던 것이 바로 이런 이유에서다. 파는 것에만 신경을 쓰면 처음에는 판매가 조금 잘 될 수도 있지만 그게 전부다. 판매를 크게 신장시키는 데는 한계가 있다. 사람들은 물건을 살 때 그 시장만, 그 가게만을 떠올리지 않는다는 사실. 그 물건을 살 수 있는 곳은 많기 때문이다. 또 좋은 물건을 싸게 살 수 있는 곳도 많기 때문에 반드시 그 가게로 온다는 보장이 없다.

그러나 문화적으로 접근을 하면, 그 문화를 접하기 위해서는 그 시장으로 가야 하고, 그리고 간 김에 물건도 사고 하는 것이다.

백화점들이 하는 이벤트 중 특정 상품을 한정으로 엄청나게 싸게 파는 것이 있다. 그게 미끼 상품이라는 건 누구나 안다. 미끼상품의 역할이 무엇인지도 요즘 소비자들은 다 안다. 그럼에도 백화점에서 미끼상품 특별세일을 하면 죽기살기식으로 달려든다. 다행히 그 세일품목을 샀다면 기분 좋게 백화점의 다른 매장을 돌아보며 아이쇼핑하다 맘에 들면 충동구매도 한다. 또 사지 못했다면, 이런 경우 대부분 며칠간 행사를 하기 마련인데, 당연히 내일은 꼭 해내고 말 것이라고 전의를 가다듬고 온 김에 역시 백화점 이곳저곳을 둘러본다.

그래서 나는 시장문화는 시장의 미끼상품이라고 생각한다. 그런데 '미끼'라는 말의 부정적 뉘앙스 때문에 조금 눈살을 찌푸릴지 모르겠다. 여하튼 시장문화는 시장과 고객을 연결하는 다리 구실을 한다. 늘 소통할 수 있는 수단인 것이다.

그렇다. 시장에 문화를 입히는 것은 나름 이유가 있겠지만 궁극적으로는 시장활성화에 기여할 수 있느냐가 키포인트이다.

그런데 시장문화기획자는 자칫 문화만 있고 시장이 없는 경우도 있음을 항상 경계해야 한다. 목적이 시장문화활성화이지 문화활성화가 아니다. 문화에만 방점을 찍다보면 그런 우를 범할 수 있다. 아무리 문화를 강조한다고 해서 시장에서 일반 문화기획과 경쟁할 수는 없다.

지금까지 온몸으로 겪은 분투기를 털어놨다.

깊이는 없을지라도 내가 온몸으로 겪었던 시장문화 기획에 관한 분투기였기에 독자들도 깊이 공감하리라 믿는다. 나의 이 작은 얘기가 전통시장을 활성화하는 데 조금이라도 보탬이 되길 기대하며 글을 갈무리한다. *